우리가 서로의 눈으로 세상을 볼 수 있다면

행복한 삶, 마음 Pick! ⑥
우리가 서로의 눈으로 세상을 볼 수 있다면
글 하이디 프랜스 | **그림** 박지영 | **옮김** 조연진

펴낸날 2023년 8월 23일
펴낸이 김주한 | **책임편집** 조연진 | **책임마케팅** 김민석 | **책임홍보** 옥정연 | **디자인** 김세라
펴낸곳 픽 | **출판등록** 제406-251002015000039호
제조국 대한민국 | **사용연령** 8세 이상
주소 (10881) 경기도 파주시 회동길 471(문발동) 몽스패밀리Bd. 301호, 302호

ISBN 979-11-92182-70-4 74190
ISBN 979-11-87903-96-3 74080 (세트)

이 책을 무단 복사, 복제, 전재하는 것은 저작권법에 저촉됩니다.
※ 잘못된 책은 서점에서 바꾸어 드립니다.

Peak을 향한 Pick_픽은 〈잇츠북〉의 교양서 브랜드입니다.

Empathy Workbook for Kids : 50 Activities to Learn About Kindness, Compassion, and Other People's Feelings
Copyright © 2021 by Rockridge Press, Emeryville, California
First Published in English by Rockridge Press, an imprint of Callisto Media, Inc.
Korean translation copyright © 2023 by It's Book Publishing Co.
This Korean edition published by arrangement with CALLISTO MEDIA through YuRiJang Literary Agency.

이 책의 한국어판 저작권은 유리장 에이전시를 통해 저작권자와 독점 계약한 잇츠북에 있습니다.
저작권법에 의하여 한국 내에서 보호를 받는 저작물이므로 무단전재 및 복제를 금합니다.

매일매일 '공감'하는 법

우리가 서로의 눈으로 세상을 볼 수 있다면

하이디 프랜스 글 | 박지영 그림 | 조연진 옮김

픽

차례

이 책을 펼친 어른에게 · 6 / 이 책을 펼친 어린이에게 · 8

1장 '공감'이 무엇일까?

- 나의 공감 능력 테스트 12
- 친절과 배려의 힘 14
  배려하고 보살피는 행동들 / 나는 얼마나 자주 행동으로 표현할까?
  도움의 손길을 내밀기
- 다름이 우리를 더 좋게 만든다 20
  같다, 다르다? 어느 쪽이든 괜찮다! / 다름이 존재하지 않는 세상?
- 우리는 세상을 다르게 본다 24
  같은 것을 보면서도 / 우리가 사물을 바라보는 방식

★ 1장에서 배운 것들 29

2장 감정에 관한 모든 것

- 누구나 감정을 가진다 32
  감정은 이름이 있다 / 감정에는 뜻이 있다 / 감정에는 색깔이 있다 / 감정은 가족이 있다
- 우리 자신의 감정 41
  감정을 불러일으키는 사물들 / 감정을 불러일으키는 일이나 행동들
- 다른 사람들의 감정 45
  어떤 말을 사용하나? / 어떻게 말하는가? / 어떤 표정인가? / 어떤 자세인가?
- 내 감정을 제쳐 두기 53
  마음을 가라앉히기 / 내 감정이 다는 아니다 / 다른 사람이 먼저일 때

★ 2장에서 배운 것들 59

3장 듣기의 힘

- 나의 듣기 능력 테스트 62
- 생각하며 듣기 64
  소리는 어디에나 있다 / 주제에 초점을 맞추기 / 산만하게 만드는 것들을 무시하기
- 몸으로 듣기 70
  시선으로 표현하기 / 고개 끄덕이기와 몸 기울이기
- 말로 표현하며 듣기 74
  상대방을 배려하는 말하기 / 상대방의 이야기를 듣고 질문하기

★ 3장에서 배운 것들 79

4장 상대방의 입장이 되어 보기

- 다른 사람의 시각 82
  입장을 바꿔 보기 / 대접받고자 하는 대로 대접하기 / 애매한 상황일 때
- 우정에 관한 일 88
  타이밍이 중요하다 / 친구는 특별한 존재 / 친구를 알아 가기
- 의견이 맞지 않을 때 95
  상대방의 시각으로 바라보기 / 사과는 중요하다

★ 4장에서 배운 것들 101

5장 공감하며 행동하기

- 가족 간의 공감 104
  반려동물 돌보기 / 친절함을 베풀기 / 사람들을 돕기
- 학교에서의 공감 109
  서로 괴롭히지 않기 / 곤란한 상황에 처했을 때 / 그 사람 편에 서기
- 사회에서의 공감 115
  사회에 봉사하는 사람들 / 문제 해결을 위한 편지 쓰기

★ 5장에서 배운 것들 119

 부록 | 독후 활동을 위한 질문과 아이디어

이 책을 펼친 어른에게

이 책을 통해 여러분과 만나게 되어 기쁩니다!

오늘날, 공감 능력은 전 세계적으로 중요한 문제입니다. 그간의 많은 연구 결과가 공감 능력이 뛰어난 사람이 사람들 사이의 갈등을 더 잘 다루고, 사회생활에서 마주칠 수 있는 어려움에 더 잘 대처한다는 사실을 보여 줍니다.

우리는 모두 누군가 자신의 이야기를 들어 주었으면, 또 우리의 입장을 다른 사람이 이해해 주었으면 하고 바랍니다. 인간이라면 누구나 갖는 기본적인 욕구입니다. 20여 년 동안 여러 어린이와 가족을 만나는 가운데, 이러한 바람을 충족시키는 공감 능력이야말로 건강하고도 탄탄한 인간관계를 만드는 중요한 토대라는 사실을 깨닫게 되었습니다.

제 아들이 5살 무렵이 되었을 때의 일입니다. 저는 아이에게 다른 장난감을 꺼내기 전에 갖고 놀던 장난감을 치워야 한다고 가르쳐 주고 싶었습니다. 하지만 장난감을 치우라고 할 때마다 아이는 짜증을 내고 성질을 부렸습니다. 아이의 입장을 이해해 주기 전까지 그랬습니다. 아이에게는 장난감을 늘어놓는 일 자체가 재미난 놀이의 일부이고, 장난감을 치우고 정리한다는 건 재미있는 일이 끝났다는 뜻이라는 걸 잘 몰랐던 것입니다. 저는 아이에게 우리 두 사람 모두 서로의 관점으로 상황을 바라봐야 한다고 가르쳐 주었습니다. 그제야 우리 둘 사이에 평화가 찾아왔습니다.

이 책을 통하여 어린이뿐 아니라 어른도 공감에 관하여 더 깊게 이해할 수 있기를 바랍니다. 공감은 더 만족스럽고 단단한 관계를 일구는 첫 단추가 되어 줍니다. 공감할 줄 아는 능력을 기르기 위해서는 마치 근육을 단련하듯이 공감에 대하여 생각하고 연습해야 합니다. 태어날 때부터 공감 능력이 뛰어난 경우도 있습니다만, 그렇지 않더라도 누구나 공감과 관련된 몇 가지 중요한 기술을 익혀야 합니다. 그래야 힘든 상황에 덜 휘말리고, 다른 사람들과의 관계를 잘 일궈 나갈 수 있습니다.

이 책에는 공감 능력과 관련된 50여 가지의 크고 작은 활동 아이디어가 실려 있습니다. 혼자서 할 수 있는 활동, 아이들끼리 혹은 어른과 아이가 함께 해 볼 수 있는 활동이 섞여 있습니다. 이 책을 어린이와 어른이 함께 본다면 어린이가 각 활동을 먼저 한 다음, 서로 대화하면서 실생활에서 적용해 보기를 권합니다. 식사 시간이나 잠자리에서 짧게 이에 대한 대화를 나눠 볼 수도 있을 것입니다. 이 책의 마지막에 공감 능력에 관하여 좀 더 깊은 대화를 나눠 볼 수 있는 질문과 아이디어가 부록으로 실려 있으니 독후 활동 자료로 활용해 보시기 바랍니다.

이 책의 각 장은 다음과 같은 내용을 다루고 있습니다.

- 공감한다는 것의 의미를 알기
- 자기 자신과 다른 사람의 감정을 이해하기
- 주의를 기울여 적극적으로 듣기
- 다른 사람의 시각으로 보기
- 상황별로 공감 능력을 적용하기

우리 삶에 꼭 필요한 공감 능력을 기르는 데에 이 책이 도움이 되기를 바랍니다.

이 책을 펼친
어린이에게

"안 할래요!"

이런 말을 어른들에게 한 적이 있지 않니? 그러면 이런 답이 돌아왔을 거야. "그래, 하고 싶은 대로 할 수 있지!" 하지만 실제로는 그렇지가 않을 거야. 안 그러니? 원하는 대로 무엇이든 늘 할 수 있는 사람은 이 세상에 없어. 너희 같은 어린이만 그런 게 아니라 어른도 그래. 어른들이 너에게 "안 돼.", "지금은 곤란해."라고 말해서 기분이 나쁠 수도 있겠지만, 어쩌면 그들은 너에게 공감에 대해 알려 주고 싶은 걸지도 몰라. '공감'이란 네가 다른 사람의 기분이나 감정을 이해하고 함께 느끼는 것을 말해. 너도 다른 사람들이 너를 더 잘 이해해 줬으면 하고 바란 적이 있지 않니?

"방을 치우는 게 뭐가 그렇게 중요해요!"

솔직히 인정하자. 다투는 건 정말 피곤한 일이야! 소리치기보다는 친절하고 예의 바르게 너의 생각을 말하는 편이 나아. 그렇게 해야 다른 사람들이 너의 말에 귀를 기울일 거야. 자신의 이야기에 귀를 기울이고 이해해 준다고 느끼면 더 이상 싸울 필요가 없어. 우리가 해야 할 일은 다른 사람들이 보는 방식으로 세상을 바라보려고 노력하는 거야. 네가 그렇게 할 수만 있다면, 다양한 문제를 더 잘 해결할 수 있어. 또, 짜증이나 불만도 덜 느끼게 될 거야.

누군가의 마음을 읽을 수 있는 능력을 가지게 된다면 어떨까? 그들의 생각과 감정을 알게 된다면 어떨까? 그건 초능력 아니냐고? 이 책은 네게 그런 힘을 기르는 법을 알려 줄 거야. 공감은 초능력처럼 엄청난 힘이지만, 이런 능력을 기르기 위해서 엄청난 노력까지 할 필요는 없어.

그럼 어떻게 하느냐고? 이 책에서 많은 활동을 발견할 수 있을 거야. 혼자서 하거나 어른과 함께 해 볼 수 있어. 어른의 도움을 받아 실천한다면 좀 더 빠르게 공감에 대해 배울 수 있을 거야. 그러고 나서는 아마 어른들도 네가 왜 방을 치우고 싶지 않았는지 마침내 이해하게 될 거야!

책장을 넘기다 보면 하단에 다양한 연습 방법들이 추가로 나와 있어. 이 연습들은 공감 능력을 더 빠르게 기를 수 있도록 도와주기 위한 거야.

생각하기 : 앞에서 배운 내용에 대해 더 생각해 볼 수 있도록 도와주는 연습
함께하기 : 네 삶의 누군가와 관계를 맺고 소통할 수 있도록 도와주는 연습
실천하기 : 공감을 표현하는 새로운 방법을 알려 주는 연습

그럼 '공감'이라 불리는 초능력에 대한 모든 것을 배워 보자!

따뜻한 마음을 담아
작가 **하이디가**

1장
'공감'이 무엇일까?

● 공감은 다른 사람의 기분이나 느낌, 감정을 이해하고 함께 느끼는 걸 말해. 공감은 우리가 이해받고 사람들과 잘 지낼 수 있도록 도와주는 초능력과 같아.

공감은 언제부터 시작될까? 태어난 지 얼마 안 된 아기는 혼자서 생존할 수 없어. 아기일 때는 누구나 다른 사람의 보살핌을 받아야 해. 이때부터 다른 사람과의 연결이 이루어지고 공감 능력의 토대를 쌓아 가기 시작해. 자라면서 우리는 경험을 통하여 혼자서는 이 세상을 살아갈 수 없다는 사실을 깨닫게 돼. 공감은 우리가 함께 어울려 살아가기 위해서 꼭 필요한 거야.

공감이 무엇인지 이해하기 쉽도록 공감 능력을 몇 가지로 나누어 보았어.

관찰하기	다른 사람의 말과 행동을 살펴보고 그들이 어떻게 느끼는지 이해하는 거야.
경험하기	다른 사람이 어떻게 느끼는지 경험을 통하여 이해하는 거야. 사람들은 우리와 똑같이 느끼기도 하지만, 각자 다르게 느끼기도 해.
적극적인 듣기	우리 감정을 잠시 제쳐 두고 다른 사람에게 귀를 기울이는 일이야. 다른 사람의 말을 잘 듣고 이해하는 일은 공감에서 무척 중요해.
반영하기	다른 사람이 어떻게 이 세상을 보는지를 생각하는 거야. 다른 사람이 보는 방식으로 상황이나 사물을 바라보는 것을 말해.
행동하기	사랑하는 사람들에게 우리 마음을 보여 주는 일이야. 공감하는 행동을 통해 친구나 가족과 좋은 관계를 일굴 수 있어.

이제부터 간단한 활동과 연습을 하면서 차근차근 공감에 대하여 생각해 보자.

나의 공감 능력 테스트

우선 자신의 공감 능력에 대하여 알아보자. 우리는 각자 공감을 표현하는 방식이 다르기 때문이야. 네가 어떤 점에서 공감을 잘하고 어떤 점에서 부족한지 알아보려고 해.

다음에 나오는 각 문장을 읽고 얼마나 자주 이렇게 하는지 생각해 보자. 정답은 따로 없으니 솔직하게 답하려고 노력해 봐. 길게 가로지르는 선의 왼쪽은 '절대 그렇지 않다.', 오른쪽은 '자주 그렇다.'야. 둘 사이에서 평소 나와 비슷하다고 느끼는 위치에 표시를 해 보자.

1. 친구가 슬프면 나도 슬퍼진다.
   절대 ──────────────────────── 자주

2. 다른 사람이 속상해할 때 나라면 어떤 기분일지 생각한다.
   절대 ──────────────────────── 자주

3. 어떻게 하면 친구들의 기분을 좋게 할 수 있는지 안다.
   절대 ──────────────────────── 자주

4. 다른 사람이 괴롭힘을 당할 때 화가 난다.
   절대 ──────────────────────── 자주

5. 다른 사람을 위해 좋은 일을 하는 것을 좋아한다.
   절대 ──────────────────────── 자주

6. 다른 사람의 의견에 동의하지 않더라도 이해할 수는 있다.
   절대 ──────────────────────── 자주

7. 결정을 내리기 전에 그 상황의 여러 면을 보려고 노력한다.
   절대 ──────────────────────── 자주

8. 경쟁에서 지더라도 친구를 축하해 줄 수 있다.

   절대 ——————————————————— 자주

9. 나와 다른 점이 있는 친구가 많다.

   절대 ——————————————————— 자주

10. 논쟁에서 양쪽 모두 옳을 수도 있다고 믿는다.

    절대 ——————————————————— 자주

● 눈치챘니? 표시가 '자주' 쪽에 가까울수록 공감을 잘한다는 뜻이야. 열 가지 중에서 네가 가장 잘하고 좋아하는 일은 무엇이니?

_____

_____

● 표시가 '절대' 쪽에 가깝다면 아쉽게도 공감을 잘 못하고 있다는 뜻이야. 이제부터 공감에 대하여 배울 거니까 괜찮아! 이 중에서 네가 생각하기에 특히 더 많이 배워야 할 점이 있다면 무엇일까?

_____

_____

친하고 믿을 수 있는 사람에게 이 내용을 보여 주고 생각을 들어 보자. 다른 사람의 생각을 들어 보니 도움이 되었니? 다른 사람의 생각을 듣고 자신에 대해서 새롭게 알게 된 점이 있다면 무엇인지 적어 보자.

친절과 배려의 힘

최근에 아픈 적이 있다면 그때를 떠올려 봐. 무엇이 우리를 낫게 했을까? 약이나 주사만큼이나 크게 도움이 된 건, 아마 다른 사람의 배려일 거야. 물을 가져다주는 소소한 행동이나 따뜻한 위로의 말 한마디가 아플 때 얼마나 힘이 되는지, 우리는 이미 경험으로 알고 있어.

혼자서 살 수 있는 사람은 없어. 우리 모두 다른 사람의 도움이 필요해. 주위에 아무도 없다면 정말 슬프고 외로울 거야.

친절한 말이나 행동은 그 자체로 큰 힘을 지니고 있어서 우리를 더욱 가깝게 해 줘. 다른 사람을 향한 관심과 애정을 표현할 때 받는 사람만큼이나 우리도 기분이 좋아지지. 다른 사람을 배려하고 보살필 때마다 공감이 이루어지고 사람들과 연결된다는 건 정말 놀랍고 좋은 일이야. 친절과 배려를 통하여 공감 근육을 계속 키워 나가자.

다른 사람을 배려하고 보살피는 일에는 무엇이 있을까?

배려하고 보살피는 행동들

공감한다는 건, 감정을 공유하는 일이야. 어려운 처지에 놓인 사람에게 공감하면 그 사람을 돕고 싶어져. 슬퍼하는 사람을 위해 눈물을 닦을 휴지를 가져다주는 일도 공감을 토대로 해. 아무리 사소하더라도 다른 사람을 돕고 보살피는 행동은 힘이 있어. 그 힘은 상대방을 도울 뿐 아니라, 우리의 기분도 한결 나아지게 해 줘!

다음을 읽고, 공감하는 행동인지 아닌지 표시해 보자.

1. 울고 있는 친구를 달래 준다.	그렇다	아니다
2. 부모님이 청소하시는 걸 지켜본다.	그렇다	아니다
3. 휠체어를 타고 있는 친구를 도와준다.	그렇다	아니다
4. 동생이 다쳤을 때 웃는다.	그렇다	아니다
5. 친구가 장난감을 고칠 때 도와준다.	그렇다	아니다
6. 친구가 다쳤을 때 약을 가져다준다.	그렇다	아니다
7. 친구의 옷을 보고 웃는다.	그렇다	아니다

누구나 쉽게 알 수 있어. 2, 4, 7번은 다른 사람에게 공감하는 행동이 아니야.

● 잠깐 시간을 내서 지금 옆의 친구가 기분이 어떤지 공감하는 연습을 해 보자. 친구가 무엇을 느끼고 있는지 함께 느껴 보자.

나는 얼마나 자주 행동으로 표현할까?

배려를 표현할 수 있는 방법은 아주 많아. 다른 사람을 배려하는 마음을 행동으로 표현할 때, 그 사람을 좋아하고 그 사람과의 관계를 소중히 여긴다는 사실을 알려 줄 수 있어.

거창하지 않아도 좋아. 일상생활에서 소소하게 다른 사람을 배려하는 행동을 여러 가지로 시도해 보자.

다음은 일상생활에서 실천할 수 있는 배려의 행동들을 모아 본 거야. 어떤 행동들인지 살펴보고 이 행동을 얼마나 자주 하는지 생각한 다음, 옆에 있는 하트를 채워 보자. 하트 4개는 많이, 3개는 자주, 2개는 가끔, 1개는 거의 하지 않음을 뜻해.

먼저 인사하기	♡	♡	♡	♡
고맙다고 말하기	♡	♡	♡	♡
사랑한다고 말하기	♡	♡	♡	♡
도움의 손길을 내밀기	♡	♡	♡	♡
칭찬하기	♡	♡	♡	♡
응원하기	♡	♡	♡	♡
선물하기	♡	♡	♡	♡
내 것을 나누기	♡	♡	♡	♡
감사 일기 쓰기	♡	♡	♡	♡

● 하트 3개나 4개를 채운 행동이 있다면 왜 이 행동을 좋아하고 자주 하는지 적어 보자.

___

● 하트를 2개 아래로 채운 행동이 있다면 왜 이 행동을 자주 하지 않는지 적어 보자.

___

● 더 자주 하고 싶지만, 그러지 못했던 행동을 하나 골라 보자. 다음 주에 이 행동을 하려면 어떤 노력을 해야 할까?

___

한 주가 지난 뒤에 배려하는 행동을 하기 위해서 어떤 노력을 했는지 생각해 보자. 그때 무엇을 느꼈는지도 한번 생각해 보자.

도움의 손길을 내밀기

도움의 손길을 내민다는 것은, 도움이 필요한 누군가에게 그 사람을 배려하는 행동을 하는 거야. 다른 사람을 돕는 일에는 두 가지 방법, 말과 행동이 있어.

다른 사람을 돕는 말의 예시	다른 사람을 돕는 행동의 예시
"내가 도와줄까?"	같이 청소한다.
"네가 아프다니 속상하다."	같이 있어 준다.
"물 좀 가져다줄까?"	음식이나 마실 것을 가져다준다.
"뭐 필요한 거 있니?"	등을 토닥여 준다.

● 각 상황에 적합한 말이나 행동이 무엇인지 생각해 보자.

1. 친구가 미술 과제를 망쳐서 울고 있다.

2. 할머니께서 편찮으시다.

3. 동생이 음료를 쏟았다.

4. 친구가 넘어져서 무릎에 상처가 났다.

5. 친구가 배탈이 나서 점심을 못 먹었다.

● 다른 사람을 도왔던 경험을 떠올려 보자. 그때 무슨 말이나 행동을 했을까?

● 앞의 경험에서 다른 사람을 도울 때 느낌이 어땠는지 이야기해 보자.

주변 사람들에게 몸이 아팠을 때 어떤 배려나 보살핌을 받고 싶었는지 물어보자. 말이나 행동 중 어느 쪽이 더 좋았는지도 들어 보자.

다름이 우리를 더 좋게 만든다

우리는 모두 단 하나뿐인 특별한 존재야. 머리카락, 눈, 피부색까지 똑같은 사람은 아무도 없어. 우리는 잘하는 것도, 좋아하는 것도 다 달라. 다르다는 건 좋은 거야. 다르기 때문에 우리는 서로를 더 잘 알 수 있어. 또, 좋은 영향을 주고받으며 함께 성장할 수 있어. 공감한다는 것은 우리가 서로의 다름을 발판으로 삼아 성장하는 일이야.

다르다는 건, 즐거운 일이기도 해. 서로 다르기 때문에 함께하는 시간이 더욱 즐거워져. 함께할 때 더 좋은 결과를 내는 것도 우리가 다르기 때문이야. 각자 자신이 가진 다른 것을 가져와서 힘을 합하면 더 좋은 것을 만들어 낼 수 있으니까.

나와 너의 다름을 이해하고 아는 것은 서로 공감하기 위해서 무척 중요한 일이야.

같다, 다르다? 어느 쪽이든 괜찮다!

다른 사람들이 나와 다르다는 사실이 종종 우리를 놀라게 할 때도 있어. 하지만 이러한 다름 덕분에 우리 모두가 특별한 존재가 될 수 있어. 또한 다양한 가족, 다양한 친구들 사이에서 살아갈 수 있지. 다양하다는 건 이 세상에 서로 다르고 특별한 것들이 아주 많다는 뜻이야.

아래에 주변 사람들의 이름을 적고, 나와 비슷한 점과 다른 점을 적어 보자. 가족, 이웃, 친구, 친척도 좋고, 만화나 영화, 드라마 속 등장인물을 적어도 좋아.

이름	이런 점이	이렇게 비슷하다	이렇게 다르다
	머리카락		
	얼굴		
	좋아하는 패션 스타일		
	좋아하는 TV 프로그램		
	좋아하는 게임이나 스포츠		
	좋아하는 음식		
	좋아하는 음악		

● 나와 가장 비슷하다고 생각하는 사람을 꼽은 다음, 나와 그 사람의 다른 점 가운데 어떤 점이 가장 마음에 드는지 적어 보자.

_____
_____

● 나와 다른 점이 가장 많은 사람도 꼽아 보자. 나와 그 사람의 다른 점 중에 둘이 함께했을 때 서로에게 도움이 되는 것은 무엇일까?

_____
_____

다음 며칠간, 주변 사람들을 유심히 관찰해 보자. 나와 다르게 행동하는 사람이 있다면 어떤 점에서 그런지 생각해 보자. 또, 나는 좋아하지 않지만 그 사람이 좋아하는 게 있다면 무엇일까? 사람들에게 어떤 다른 점들을 발견했는지 적어 보자.

다름이 존재하지 않는 세상?

복제 인간이 가득한 세상은 어떨까? 모든 사람이 정확히 똑같다면? 그런 세상에서는 공감 능력이 필요하지 않을 거야. 모든 사람이 똑같이 보고, 생각하고, 행동할 테니까.

아래 목록을 보고, 이들이 모두 똑같다고 생각하고 빈칸에 적어 보자.

가족	좋은 점 :	
	나쁜 점 :	
친구	좋은 점 :	
	나쁜 점 :	
우리나라 축구팀	좋은 점 :	
	나쁜 점 :	
영화 속 등장인물들	좋은 점 :	
	나쁜 점 :	
또 이런 사람들 ( )	좋은 점 :	
	나쁜 점 :	

모든 사람이 똑같다면 세상이 어떻게 될지 다른 사람의 의견을 들어 보자.

우리는 세상을 다르게 본다

우리는 모두 자신만의 특별한 점을 가지고 있어. 외모뿐 아니라 내면도 나와 똑같은 사람은 존재하지 않아. 또, 우리는 저마다 다른 방식으로 사물을 봐. 사물을 보는 방식이 나와 완전히 똑같은 사람은 존재하지 않아. 그건 좋은 것도 나쁜 것도 아니고, 그저 다른 거야.

예를 들어 볼게. 우리 가족은 저녁에는 늘 함께 모여 식사를 해. 하지만 친구네 가족은 할머니가 오실 때만 모여서 식사하고, 평소에는 각자 일정에 맞춰 따로 식사한다고 해. 나와 친구는 모두가 함께하는 식사 시간에 대하여 다르게 느낄 거야. 물론 어떻게 느끼든 괜찮아! 경험에 따라 사물을 보는 방식이 다를 수 있다는 예를 든 거야. 이 세상에 여러 가지 다른 시각이 존재하는 이유는 이처럼 각자 자신의 경험이나 관심에 따라 세상을 보기 때문이야.

우리가 서로 공감하기 위해서는 나와 다르게 세상을 보는 관점을 이해해야 해.

같은 것을 보면서도

분명 똑같은 것을 보고 있는데, 서로 완전히 다른 것을 보는 것처럼 느껴질 때가 있어. 공감한다는 건, 다른 사람의 눈을 통하여 본다는 뜻이기도 해. 아래 그림을 이용하여 서로 다른 시각을 경험하고 이해해 보자.

아래 그림에서 뱃사람과 물개는 각기 다른 시각으로 빙하를 보고 있어. 뱃사람의 눈으로 본 빙하와 물개의 눈으로 본 빙하는 어떻게 다를까? 제시된 단어나 그 밖의 다른 단어들을 활용해서 두 시각에서 빙하가 어떻게 보이는지 이야기해 보자.

크다, 작다, 평평하다, 뾰족하다, 축축하다, 보송하다, 길다, 짧다 등등

- 친구나 가족이 나와 다른 방식으로 어떤 사물이나 사건을 바라본다고 느꼈던 적이 있다면 그때를 떠올리고 경험을 적어 보자.

___

- 어떤 점에서 나와 다른 방식으로 본다고 느꼈는지 적어 보자.

___

- 나와 같은 방식으로 본다고 느꼈던 점이 있다면 그에 대해서도 적어 보자.

___

 생각하기

앞으로 한 달 정도 기간을 두고, 나와 다른 사람이 서로 다른 관점을 가졌다고 느낀 일에 대하여 기록해 보자. 그리고 어떤 점에서 서로 보는 시각이 달랐는지 생각해 보자.

우리가 사물을 바라보는 방식

우리가 사물을 보는 방식도 우리 자신처럼 고유하고 특별하다는 걸 알게 되었을 거야. 그건 지금까지 경험한 일이 달라서이기도 해. 어떤 경험으로 인해 특정한 시각을 갖게 되는 거야. 예를 들어 지금까지 학교에서 잘 지냈다면 학교생활이 그렇게 어려운 거라고는 생각하지 않겠지만, 학교에서 친구들과 잘 어울리지 못하고 서먹하게 지낸다면 학교생활을 어렵다고 여기기 쉬워.

다른 사람에게 공감하기 위해서는 먼저 우리 자신이 어떻게 세상을 바라보는지, 왜 그런지를 알아야 해. 자기 자신에 대한 이해가 바탕이 되어야 다른 사람이 왜 나와 다른 방식으로 사물을 보는지도 이해할 수 있기 때문이야.

'나는 어린이가 꼭 일찍 자야 한다고 생각하지 않는다. 누구나 피곤할 때 잠에 들면 된다.'처럼 생활 습관에 대한 나의 의견을 적어 보자. 이때 아래 소재를 활용해 보자.

휴대폰, 컴퓨터, TV 등의 사용 시간   숙제
자기 전 양치질   건강한 식사 습관

나는 _____ 라고 생각한다.
왜냐하면 _____ 이기 때문이다.

● 이제 앞에서 적은 나의 생각에 대하여 다른 사람들이 어떻게 반응할지 생각해 보자. 이들은 어떻게 말할까?

부모님 :

친구 :

선생님 :

의사 :

주변 사람들 가운데 한 사람을 골라 나의 의견에 대하여 어떻게 생각하는지 실제로 물어보자. 나의 의견과 같은 점과 다른 점이 무엇일까?

★ 1장에서 배운 것들 ★

지금까지 공감이 무엇인지, 공감 능력을 기르려면 어떻게 해야 하는지 가볍게 알아보았어. 앞에서 배운 내용 가운데 중요한 것들을 정리하면 다음과 같아.

- 공감은 힘이 세다. 튼튼한 몸을 갖기 위하여 근육을 단련하는 것처럼 공감 능력도 노력하여 기를 수 있다.
- 우리는 친절하고 배려하는 행동을 하면서 주변 사람들과 연결된 느낌을 받는다.
- 우리는 모두 각자 다른 사람이다. 그리고 달라도 괜찮다.
- 사람들은 같은 것을 보고도 서로 다른 시각이나 신념을 가질 수 있다.

다음 장부터는 본격적으로 공감 능력을 기르기 위한 활동을 해 보자.

2장

감정에 관한 모든 것

● 공감에서 중요한 것 중 하나는 감정을 이해하는 일이야. '감정'이 무엇일까? 감정은 우리가 주변에서 벌어지는 일에 반응하는 방식을 말해. 어떤 일을 경험했을 때 나타나는 화나 슬픔, 기쁨 등의 반응이 바로 감정이야.

감정은 우리 몸의 감각을 통해서 나타나. 그래서 어떤 감정이 나타나면 몸의 감각으로 그걸 알아챌 수 있어. 감정을 이해한다는 건, 몸의 감각에 집중하고 그 감각이 우리에게 어떤 의미가 있는지 이해하는 거야.

누구나 감정을 가지며, 어떤 감정을 겪든 정상이야! 나쁜 감정은 없어.

앞에서 우리는 저마다 다른 방식으로 사물을 본다고 했어. 감정에 대해서도 비슷하게 말할 수 있어. 똑같은 일이나 사물을 경험해도 사람마다 다른 감정을 느낄 수 있지. 하지만 서로 다른 감정을 경험했을 뿐이지 어떤 것이 나쁘고 좋다고는 할 수 없어.

학교를 못 가게 되었을 때 누군가는 기쁘고, 누군가는 친구들을 못 만나서 슬플 수도 있어. 우리는 어떤 일을 겪으면 어떤 식으로든 반응하고 감정을 경험해. 그 감정은 같을 수도 있지만, 이처럼 다를 수도 있다는 사실!

우리가 서로 공감하려면 너와 내가 다른 감정을 경험할 수도 있다는 이런 사실을 충분히 이해해야 해.

이번 장에서는 공감 능력 가운데 아래 두 가지에 집중해 보자.

관찰하기 다른 사람의 표정과 몸의 언어를 읽고 그 사람의 감정을 알아차리는 연습

경험하기 다른 사람의 감정을 이해하기 위해 그 사람의 감정에 집중하는 법

누구나 감정을 가진다

감정은 어떤 일이 벌어졌을 때 우리가 갖게 되는 느낌이나 기분, 인상 등이야. 아직 감정을 표현하는 말을 익히지 못한 어린아이는 원하는 것을 얻지 못하면 소리를 마구 지르거나 울기도 해. 그런 식으로 화를 표현하는 거야. 그러다가 나이가 더 들고 감정을 표현하는 법을 익힌 뒤에는 자신의 감정을 다른 사람에게 말로 전할 수 있게 돼. 자신의 감정에 이름을 붙여서 다른 사람에게 표현할 줄 알게 되지. 감정을 표현하는 말들을 많이 알면 내가 무엇을 느끼는지 구체적으로 표현할 수 있어.

다음에 나오는 연습들은 감정을 표현하는 말을 늘리려는 거야. 다른 사람과 대화할 때 그 단어들을 어떻게 사용하면 좋은지도 알아볼게. 어른과의 대화를 도와주는 좋은 단어들도 배워 보자. 나의 마음과 감정을 다른 사람이 이해하기 쉽게 설명하는 방법을 배우는 거야.

감정의 말들

사람들은 감정을 표현할 때 조금씩 다른 단어를 사용해. 아래에 다양한 감정의 말들을 모아 보았어. 따로 표시를 하거나 귀퉁이를 접어 두고 필요할 때마다 이곳을 펼쳐 보면 좋을 것 같아. 나중에 감정의 말을 더 많이 알게 되면 빈칸에 적어 채워 보자.

행복	슬픔	두려움	화
즐거운	무시당한	놀란	화난
따뜻한	속상한	불안한	화가 폭발하는
만족스러운	외로운	긴장되는	지긋지긋한
차분한	아픈	겁에 질린	못마땅한
집중할 수 있는	허전한	절망하는	언짢은
편안한	피곤한	참을 수 없는	불만스러운
반가운		초조한	성난
기쁜	상처받은	공포스러운	짜증 나는
다정한	부끄러운		부아가 치미는
용기가 생기는	당황스러운	걱정스러운	분한
평화로운	마음 아픈	섬뜩한	노여운
재미있는	눈물이 나는	혼란스러운	광분하는
	막막한	떨리는	

감정은 이름이 있다

나의 감정을 가장 잘 설명할 수 있는 사람은 나 자신이야. 내가 느끼는 감정을 어떻게 설명하면 좋을지 생각해 보는 시간을 가져 보자. 앞쪽에 나온 감정의 말들을 활용하거나 새로운 말을 떠올려도 좋아. 무심코 자주 사용하던 감정의 말들이 어떤 느낌을 주는지도 한번 생각해 보자.

네가 잘 알고 있다고 생각하는 감정의 말을 4개 뽑아서 네모 칸에 하나씩 적은 다음, 그 감정이 눈에 보인다고 상상하고 그림으로 표현해 보자.

이번에는 예전에 들어 보았지만, 정확히 어떤 뜻인지 잘 모르는 감정의 말을 2개 떠올려 보자. 마찬가지로 네모 칸에 각 단어를 적고, 그 감정에 눈에 보인다면 어떨지 그림으로 표현해 보자.

 실천하기

감정을 친구나 가족 앞에서 동작으로 표현하고, 어떤 감정인지 알아맞히는 놀이를 해 보자.

감정에는 뜻이 있다

감정의 말을 많이 아는 것도 중요하지만, 그 단어들이 무엇을 뜻하는지 아는 일도 그만큼이나 중요해. 얼핏 비슷해 보이는 감정의 말들도 많은데, 그 단어들이 어떻게 다른지 구별할 줄 알아야 하지. 집에서 반려견을 키우기로 했을 때 '행복하다'고 표현할 수도 있고, '신나다'라고 표현할 수도 있어. 둘 다 긍정적인 감정이지만, '신나다'가 좀 더 움직임이 크고 역동적인 느낌이 들어. 이러한 차이를 알면 다른 사람에게 나의 감정을 더 분명하게 전달할 수 있어.
감정을 나타나는 단어와 그에 대한 설명을 연결하는 연습을 해 보자.

1. 행복하다 •   • 가. 소스라치게 놀랐다.
2. 화가 난다 •   • 나. 흥분되고 기대된다.
3. 무섭다 •   • 다. 문제를 어떻게 해결해야 할지 모르겠다.
4. 지쳤다 •   • 라. 좋은 일이 생겼다.
5. 평온하다 •   • 마. 나쁜 일이 생겼다.
6. 걱정된다 •   • 사. 몸과 마음이 고요하다.
7. 신난다 •   • 아. 자야 할 것 같다.

답 : 1-라 2-마 3-가 4-아 5-사 6-다 7-나

● 이 중에서 더 자세히 알고 싶은 감정이 있다면 무엇일까? 왜인지도 생각해 보자. 이 감정에 대해서 어떻게 더 자세히 설명할 수 있을까?

어떤 일을 겪고 새로운 감정을 느꼈을 때 그 감정에 어떤 이름을 붙여야 할지 생각해 보자.

감정에는 색깔이 있다

감정에 색깔이 있다고 상상하는 것도 감정을 이해하는 방법 중 하나야. 예를 들어 볼게. 나는 '행복'의 색깔을 '노란색'이라고 느껴. 왜냐하면 노란 태양이 떠오르기 때문이야. 행복이 얼마나 따뜻한지 생각하면 햇살 같은 노란색이 떠올라. 다른 사람이 느끼는 행복의 색깔은 나와는 또 다를 거야. 분홍이나 파랑일 수도 있지. 감정을 색깔로 떠올리면 서로 다른 감정들을 분류하거나 비슷한 감정들을 연결하는 데에 도움이 돼.

각 감정을 여러 다른 색깔로 떠올려 보자. 우리가 느끼는 감정은 고유하며, 어떤 감정을 느끼거나 어떤 색깔로 표현해도 괜찮다는 사실을 잊지 말자.

이제 바로 그 색깔들로 각 감정을 표현하는 그림을 그려 보자.

행복	슬픔

화	두려움

● 이들 감정에 대하여 좀 더 생각해 보자. 아래는 앞에서 선택한 감정의 색깔을 떠올리고, 그 색깔에서 무엇이 느껴지는지 빈칸을 채우는 연습이야. 어떤 사물이 떠오르는지 같이 적어 보자.

예시) 나의 행복은 태양처럼 노란색이다.

나의 행복은 _____ 처럼 _____ 이다.

나의 슬픔은 _____ 처럼 _____ 이다.

나의 화는 _____ 처럼 _____ 이다.

나의 두려움은 _____ 처럼 _____ 이다.

다른 사람들에게도 감정을 색깔로 연결해서 표현해 달라고 해 보자. 나와 같은 색깔을 떠올린 사람이 있는지, 다른 색깔을 떠올렸다면 어떤 것인지 기록해 보자.

감정은 가족이 있다

감정을 표현하는 말을 처음 배울 때는 기본적인 감정의 말을 주로 사용해. 그러다가 점점 성숙해지면서 더 다양한 말로 자신의 감정을 표현할 줄 알게 되지. 예를 들어 시합에서 지면 '화가 난다'고 표현할 수 있지만, '좌절감이 든다'거나 이긴 팀에 대하여 '질투가 난다'라고 할 수도 있어. 좌절감이나 질투심은 '화'라는 감정과 연결된 가족이야. 다른 사람에게 내가 느끼는 감정을 더 잘 설명하기 위해서 기본적인 감정과 연결된 여러 감정의 말들을 사용할 수 있어.

아래 나무는 감정 가족을 표현한 거야. 각 나뭇가지는 작은 잎사귀들을 가지고 있고, 잎사귀들은 비슷하지만 조금씩 다른 감정을 설명해. 감정을 나타내는 여러 말로 잎사귀들을 채워 보자. 앞에 나온 감정의 말 목록을 활용해도 좋아.

● 앞의 감정 가족 나무를 기억하면서 아래 상황을 읽어 보자. 각 상황에 해당하는 감정의 큰 나무줄기를 먼저 쓴 다음, 그와 연결된 비슷한 감정을 표현하는 감정 잎사귀들을 써 보자.

1. 시험에서 낮은 점수를 받았다.
   감정 줄기 :   감정 잎사귀 :

2. 따돌림을 당했다.
   감정 줄기 :   감정 잎사귀 :

3. 좋아하는 친구의 생일 파티에 초대받았다.
   감정 줄기 :   감정 잎사귀 :

4. 같은 반 친구가 내가 싫어하는 별명으로 나를 불렀다.
   감정 줄기 :   감정 잎사귀 :

5. 게임에서 이겼다.
   감정 줄기 :   감정 잎사귀 :

6. 새 학교로 전학을 갔다.
   감정 줄기 :   감정 잎사귀 :

7. 반려견을 잃어버렸다.
   감정 줄기 :   감정 잎사귀 :

우리 자신의 감정

우리는 어떤 일에 대하여 비슷한 감정을 느껴. 하지만 서로 다른 존재이기 때문에 각자 다른 감정을 가질 수도 있어. 공감 능력을 기르기 위해서는 무엇보다 먼저 우리 자신의 감정을 이해해야 해.

우리의 감정은 어디에서 올까? 주변에서 어떤 일이 벌어졌을 때 나타나는 반응을 감정이라고 했어. 그런데 우리는 가끔 어떤 일에 똑같은 방식으로만 반응하기도 해. 이전에 비슷한 일을 겪었거나 다른 사람이 어떻게 반응하는지 이미 보았기 때문이야. 하지만 우리는 단 하나뿐인 존재로서 자신만의 감정을 가질 수 있어. 그리고 고정된 존재가 아니라서 생각도 마음도 감정도 늘 변할 수 있어. 다른 사람처럼 행동하고 느끼지 않아도 괜찮아.

감정을 불러일으키는 사물들

감정은 우리 주변의 것들에 의해 생겨나. 가장 좋아하는 과자를 보면 신이 나고, 세상을 떠난 반려견의 사진을 보면 슬퍼지지. 어떤 사물을 보는 것만으로도 우리는 감정을 느낄 수 있어.

아래 각 사물들이 어떤 감정을 불러일으키는지 감정의 말로 표현해 보자.

바람이 빠진 축구공	
녹아 버린 아이스크림	
만점을 받은 시험지	
거미	
두통	
할아버지 할머니	
시계	

● 33쪽에서 감정의 말을 하나 고른 뒤에, 이 감정을 불러일으키는 사물에 무엇이 있는지 생각해 보자. 떠오르는 대로 여러 개를 적어 보자.

위에서 적은 사물의 목록을 믿을 수 있는 친한 사람에게 보여 주고, 어떤 감정이 느껴지냐고 물어보자.

감정을 불러일으키는 일이나 행동들

어떤 사건으로 인해 감정이 생기는 경우도 있어. 예전에 개에 물린 적이 있다면 개가 크게 짖는 소리를 들었을 때 두려움을 느낄 거야. 우리의 감정이 어디에서 오는지, 감정을 불러일으키는 일에 무엇이 있는지 한번 생각해 보자. 그러면 우리가 왜 특정한 방식으로 어떤 감정을 느끼는지 다른 사람에게 설명할 수 있을 거야.

아래 예시를 읽고 어떤 느낌이 드는지, 그 이유가 무엇인지 생각하고 적어 보자.

예시) 친구가 내가 하고 싶은 게임을 하고 있다.
친구가 내가 하고 싶은 게임을 할 때 나는 질투가 난다.

1. 엄마가 아침에 늦게 깨우셨다.

~때 나는
_____

2. 자전거를 타다 넘어졌다.

~때 나는
_____

3. 지갑을 잃어버렸다.

~때 나는
_____

4. 친구와 놀러 나갔다.

~때 나는
_____

5. 좋은 성적을 받았다.

~때 나는
_____

6. 동생이 뒤에서 갑자기 뛰어와서 놀라게 했다.

~때 나는
_____

7. 산책을 하다 우리 집 강아지가 갑자기 멀리 뛰어갔다.

~때 나는
_____

● 이번에는 최근에 주변에서 일어났던 두 가지 사건을 떠올려 보자. 그때 어떤 감정을 느꼈고 왜 그랬는지 적어 보자.

~때 나는
_____

~때 나는
_____

 생각하기

지난주에 느꼈던 감정들을 떠올려 보자. 그중에서 두 가지를 골라 왜 그렇게 느꼈는지, 어떤 사건이 그런 감정을 느끼게 했는지 생각하고 적어 보자.

다른 사람들의 감정

지금까지 다양한 방법으로 우리 안의 감정에 대하여 생각해 보았어. 아직까지 감정에 대해서 서툰 것 같다고 느껴질 수도 있어. 그래도 괜찮아. 차분히 자기 자신과 자주 대화하면 점점 더 감정을 다루는 일이 익숙하게 느껴질 거야.

이제 한 걸음 더 나아갈게. 공감은 다른 사람이 어떻게 느끼는지에 대하여 생각하는 일이야. 앞에서 공감 능력을 몇 가지로 나누어서 소개했는데, 첫 번째가 무엇이었는지 기억나니? 바로 '관찰하기'였어. 관찰하기는 다른 사람들의 표정이나 말과 행동에 집중하는 일이야. 우리는 이미 다른 사람이 어떻게 느끼는지 보고 들을 수 있는 능력을 가졌어. 그리고 연습을 통하여 이 능력을 더욱 개발할 수 있어.

공감은 뛰어난 탐정이 되는 일과 비슷해. 여러 도구를 사용하여 사건의 단서를 찾는 탐정처럼, 우리도 우리의 감각을 사용하여 다른 사람의 감정을 파악할 수 있어. 누군가 소리를 지를 때, 아무 말도 없이 조용히 있을 때 그 사람은 어떤 감정을 느끼고 있을까? 활짝 웃고 있을 때, 발을 동동 구르고 있을 때 그 사람은 지금 어떤 심정일까? 탐정처럼 다양한 탐색의 기술을 사용하여 공감하는 연습을 해 보자.

어떤 말을 사용하나?

사람들이 사용하는 말은 중요해. 말 속에는 많은 감정과 이야기가 들어 있어. 그 사람이 사용하는 말은 그가 무엇을 느끼고 있는지를 알 수 있는 중요한 단서야.

예를 들어 누군가 "멈춰 줄래?"라고 한다면 마음이 상했다는 뜻일 수 있어. "와, 너 대단해!"라고 한다면, 네게 호감을 느끼고 있다는 뜻일 수 있지. 다른 사람의 감정과 느낌을 이해하기 위해서는 그들이 사용하는 말에 집중해야 해. 아래에 나온 짧은 문장들이 각각 어떤 감정을 불러일으키는지 생각해 보고, 감정의 말로 표현해 보자.

말	감정
저리 가!	
하하하.	
네가 싫어.	
장난감이 부서졌어.	
게임에서 졌어.	
힘들어.	
아무도 나와 놀지 않아.	

친구나 가족이 자주 사용하는 말을 떠올려 보자. 그 말을 들을 때 어떤 감정이 드는지 생각해 보자.

어떻게 말하는가?

어떤 말을 사용하느냐도 중요하지만, 그 말을 어떻게 하는지도 중요해. 오히려 다른 사람의 감정에 대하여 더 많은 정보를 우리에게 줄 수 있지. '어떻게 말하느냐'는 억양이나 소리, 말투에 대한 거야. 같은 말이라도 말투를 달리하면 전혀 다른 감정을 표현하거든. 만약 누군가가 "재미있다!"라고 높은 소리로 활기차게 말한다면, 우리는 그 사람이 즐거워한다는 걸 알 수 있어. 하지만 "재미있네."라고 낮은 소리로 힘없이 말한다면, 그건 그 사람이 지루해한다는 뜻일 수도 있어.

부드럽게 말하느냐, 거칠게 말하느냐에 따라서 같은 말의 뜻이 다르게 전달되기도 해. "내가 할 차례야."라고 고함치듯 큰 목소리로 말하면 마음이 급해서 당장 하고 싶다는 표현일 수 있지만, 그렇지 않다면 그냥 '자기 차례'라는 뜻을 전하는 말일 수도 있어.

공감을 하려면 다른 사람이 사용하는 단어는 물론, 어떤 방식으로 말하는지에도 귀를 기울여야 해.

이제 연습을 해 볼까? 먼저 아래 문장들을 소리 내어 읽어 보자.

"내가 가장 좋아하는 쿠키야." "지금 가야겠어."
"나는 야구를 정말 좋아해." "같이 게임 할래?"
"무슨 일이 있었어?" "우리 늦었어."
"내 말 들었니?" "이번 여행은 좋아."
"밖에 나가려고 해." "넌 좋은 친구야."
"무슨 문제가 생겼어?" "다시 할 수 있어."

- 이번에는 아래 감정을 표현하기 위한 목소리나 말투로 바꿔서 다시 읽어 보자.

 신난다   긴장된다

 화가 난다   지루하다

- 이 밖에 또 다른 감정을 담아서 읽어 보자. 어떤 감정을 표현할 수 있을까?
  _____
  _____

- 앞의 연습을 하면서 무엇을 느꼈니? 이 연습이 쉬웠니, 어려웠니?
  _____
  _____

- 감정을 표현하기 위해서 사람들은 주로 무엇을 사용할까?
  _____
  _____

하나의 문장을 여러 말투로 해 보자. 그리고 주변 사람들에게 각각의 말투가 어떤 감정을 담고 있는지 맞혀 보라고 하자.

어떤 표정인가?

다른 사람이 어떻게 느끼는지 알 수 있는 또 하나의 단서는 표정을 보는 거야. 눈썹, 눈, 입 등을 주의 깊게 살피면 그 사람의 감정을 파악할 수 있어. 몇 가지 예를 들어 볼게.

눈썹	눈	입
잔뜩 올라갔다.	평상시와 같다.	벌렸다.
비스듬하다.	크게 떴다.	미소를 짓는다.
편안해 보인다.	가늘게 흘겨본다.	입꼬리가 내려갔다.
내려갔다.	감았다.	잇몸이 보인다.

예시) 편안해 보이는 눈썹과 눈, 미소를 짓는 입은 행복한 표정이다.
비스듬한 눈썹, 가늘게 뜨고 흘겨보는 눈, 내려간 입꼬리는 화난 표정이다.

● 다음 두 얼굴에서 눈썹과 눈과 입이 어떻게 보이는지 묘사하고 어떤 감정인지 적어 보자.

● 주어진 감정에 맞게 각각 표정을 그려 보자.

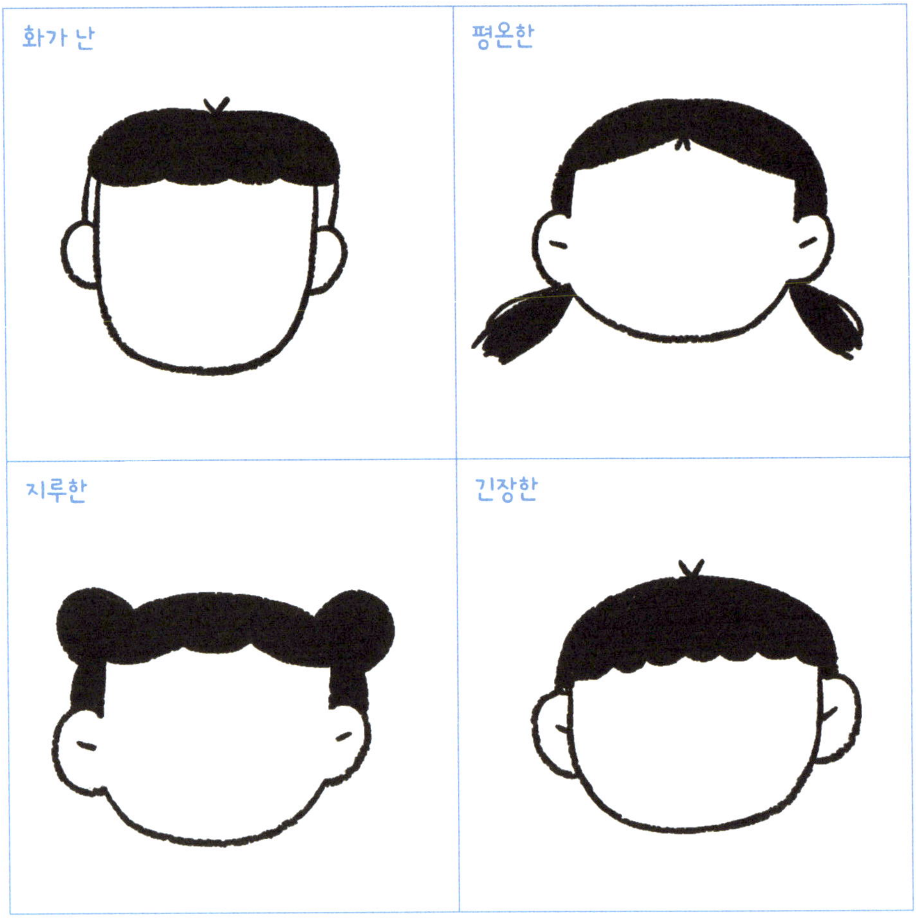

화가 난	평온한
지루한	긴장한

 실천하기

거울을 보고, 33쪽에 나온 감정의 말 목록을 활용해서 감정을 표정으로 표현하는 연습을 해 보자. 눈썹과 눈과 입 모양에 특히 신경을 써 보자. 이 연습을 하면서 무엇을 알게 되었니? 어떤 감정이 특별히 더 쉽거나 어려웠는지 생각해 보자.

어떤 자세인가?

몸도 감정을 이해하는 단서가 될 수 있어. 누군가 화가 났다면 그 사람은 팔을 좀 접고, 주먹을 꼭 쥐고 있을 거야. 또, 뭔가 마음에 들지 않는 사람은 아마도 눈을 치켜뜨고 뒷짐을 지고 있을 거야.

몸의 여러 부분에서 감정에 대한 단서를 찾을 수 있어. 몸의 단서를 보고 다른 사람들이 어떻게 느끼고 있는지 생각해 보자.

감정	표정	팔	손	발
행복한	활짝 웃는	늘어뜨린다	편안하다	가만히 있다
슬픈	울상인	몸에 꼭 붙인다	두 손을 모은다	축 처져 있다
두려운	경직된	팔짱을 낀다	축축하다	달그락거린다
화난	찡그린	휘젓는다	주먹을 쥔다	발을 구른다

● 아래 감정의 말을 보고 이때 몸이 어떻게 보일지 생각하고, 몸의 단서에 대하여 적어 보자.

화난 : _____

사랑에 빠진 : _____

걱정하는 : _____

신나는 : _____

자랑스러운 : _____

짜증 나는 : _____

부끄러운 : _____

외로운 : _____

친구에게 감정의 말을 동작으로 표현해 달라고 해 보자. 어떤 감정인지 맞혔다면 어떤 단서를 보고 알 수 있었는지 이야기해 보자.

내 감정을 제쳐 두기

이제 공감 능력 가운데 '경험하기'를 해 볼 준비가 된 것 같아. 경험하기는 다른 사람이 어떤 감정을 겪고 있는지에 대하여 생각하는 일이야. 그러기 위해서 우리는 자기 자신의 감정을 잠시 제쳐 두어야 해. 우리가 느끼고 있는 것을 잠시 멈추는 거야.

우리 자신의 감정을 잘 이해하고, 우리가 어떻게 느끼는지를 아는 것은 좋은 일이야. 하지만 공감하기 위해서 잠시 우리의 감정을 보류 상태로 두어야 할 때도 있어. 사실 정말 어려운 일이야! 예를 들어 볼게. 학원에 선생님이 새로 오셔서 기분이 좋았다고 쳐 보자. 그래서 수업도 더 즐겁게 듣고 있어. 하지만 친구는 바뀐 선생님이 무섭다면서 화가 난다고 했어. 처음에는 친구가 이상하다고 생각했어. 같은 상황에서 나와 전혀 다른 감정을 느끼고 있으니까 말이야. 하지만 나와 친구의 감정은 모두 이상하지 않아. 단지 다를 뿐이지. 어느 한 사람의 감정이 더 낫거나 못하지는 않다는 뜻이야.

그렇더라도 다른 사람에게 공감하려면 때로는 나의 감정을 잠시 보류하고 그 사람의 감정에 집중해야 해. 이렇게 한번 생각해 보자. 옆에서 친구가 울고 있는데 내가 마구 고함을 치고 있다면 친구의 소리는 들리지 않아. 다른 사람에게 귀를 기울이기 위해서는 잠깐 동안 나 자신의 목소리를 잠재워야 해. 결코 자기 자신의 감정을 고려하지 말라는 뜻은 아니야! 나의 감정은 매우 소중해. 하지만 다른 사람을 더 잘 이해하기 위해서 가끔은 잠시 우리 감정을 내려놓을 줄도 알아야 해.

마음을 가라앉히기

경험하기의 첫 단계는 먼저 나의 마음을 진정시키고 차분한 상태가 되는 거야. 간단한 상상을 해 보자. 축구 시합에 져서 화가 나서 집에 돌아왔어. 그때 쿵 하는 소리가 나더니 동생이 우는 소리가 들렸어. 동생에게 가서 무슨 일인지 알아보고 도와주려면 어떻게 해야 할까? 일단 나의 화난 감정을 가라앉히고 마음을 진정시켜야 해. 내 마음이 진정되지 않으면 다른 사람의 상황을 살필 여유가 없을 거야.

마음을 가라앉히는 방법에는 어떤 게 있을까?

1. 휴식 : 우리의 몸과 머릿속에 일어난 폭풍을 가라앉히도록 도와준다.
2. 신체 활동 : 주의를 딴 데로 돌리게 하고 몸의 흥분을 가라앉힌다.
3. 대화나 소통 : 사람들과 함께할 수 있도록 거리를 좁혀 준다.

아래 목록을 읽고 자신에게 가장 도움이 되었던 활동에 표시를 해 보자. 또 자신만의 좋은 아이디어가 있다면 빈칸에 적어 보자.

휴식	신체 활동	소통
☐ 심호흡한다	☐ 산책한다	☐ 포옹한다
☐ 호흡을 센다	☐ 운동한다	☐ 반려동물을 쓰다듬는다
☐ 복식 호흡을 한다	☐ 방을 치운다	☐ 친구와 이야기한다
☐ 음악을 듣는다	☐ 스트레칭을 한다	☐ 편지나 메일을 쓴다

☐ 그림을 그린다	☐ 펄쩍펄쩍 뛴다	☐ 함께 게임을 한다
☐ 샤워나 목욕을 한다	☐ 춤을 춘다	☐ 함께 영화를 본다

● 세 가지 방법 가운데 어느 것을 가장 많이 선택했니? 그 이유를 적어 보자.

● 표시하지 않은 활동들을 다시 살펴보자. 왜 이 활동을 하지 않을까?

마음을 가라앉히는 활동 가운데 이전에 해 보지 않았던 것을 하나 골라 실행해 보자. 그러고 나서 새로운 방법을 시도해 보니 어땠는지 생각해 보자.

내 감정이 다는 아니다

우리는 같은 일을 경험하더라도 서로 다른 느낌이나 감정을 가질 수 있어. 아침에 버스를 놓쳐서 아빠가 학교에 데려다주신다고 하면 기분이 좋을 거야. 아빠는 너와 함께 가게 되어서 기쁜 마음도 있겠지만, 회사에 늦게 출근하게 될까 봐 걱정하는 마음도 들 거야. 공감하려면 상황에 따라 다른 사람이 나와 다른 감정을 가질 수 있다는 걸 이해해야 해.

우리 자신의 감정을 멈추는 일이 쉽지는 않아. 상당히 어려운 일이지! 하지만 다른 사람의 감정을 이해하기 위해 우리 안의 감정을 제쳐 두어야 하는 순간은 그리 길지 않아. 잠시만 그렇게 하면 돼. 다른 사람의 감정이 나와 다르며 그럴 수도 있다는 사실을 기억하려고 우리가 노력할 때 상대방도 우리의 감정에 대해서 이해하려고 노력할 거야.

다음에 나오는 각 상황을 보고, 이럴 때 어떻게 하면 자신의 감정을 잠깐 제쳐 둘 수 있는지 생각해 보자.

> 예시) 할머니가 선물을 주셨는데 내가 좋아하지 않는 것이다. 나는 실망했다. 하지만 할머니께서는 내게 선물을 주면서 무척 기뻐하셨다. 나는 선물은 늘 특별한 것이란 사실을 기억했다. 설사 내가 좋아하지 않는 것이라도 해도 말이다. 그렇게 해서 나의 감정을 잠깐 내려놓을 수 있었다.

1. 축구 시합에서 우리 팀이 지고 다른 팀이 이겼다.

나는(나의 감정) _____

하지만 다른 팀은(다른 사람의 감정)

나는(나의 생각)

그래서 나의 감정을 잠깐 내려놓을 수 있었다.

2. 아빠가 저녁을 만들어 주셨는데 내가 좋아하는 반찬이 아니었다.

나는(나의 감정)

하지만 아빠는(다른 사람의 감정)

나는(나의 생각)

그래서 나의 감정을 잠깐 내려놓을 수 있었다.

3. 형이 내가 좋아하지 않는 예능 프로그램을 틀었다.

나는(나의 감정)

하지만 형은(다른 사람의 감정)

나는(나의 생각)

그래서 나의 감정을 잠깐 내려놓을 수 있었다.

4. 오늘은 내가 강아지와 산책하는 날이다. 하지만 정말 피곤하다.

나는(나의 감정)

하지만 우리 강아지는(다른 이의 감정)

나는(나의 생각)

그래서 나의 감정을 잠깐 내려놓을 수 있었다.

다른 사람이 먼저일 때

누군가 도움이 필요할 때 우리는 그 사람을 위해서 나보다 다른 사람을 먼저 챙길 수 있어. 이런 친절한 행동은 자발적이지 않으면 하기 힘들어.

친절한 행동을 하면 우리가 그들을 소중히 여기고 있다는 사실을 보여 줄 수 있어. 또한 우리가 친절한 행동을 할 때 다른 사람들도 우리를 위해 친절한 행동을 하게 돼. 결국 친절은 우리 자신을, 또 우리 모두를 돕는 좋은 결과로 이어질 수 있어.

다음에 나오는 각 상황을 보고, 다른 사람을 먼저 배려했는지 판단해 보자.

1. 급식실에서 줄을 서 있는데 친구가 부탁해서 앞에 서게 해 주었다.
2. 언니가 야단을 맞았다. 그래서 언니를 놀렸다.
3. 귀찮고 피곤하지만 널려 있는 장난감을 치웠다.
4. 엄마가 편찮으셔서 물수건을 이마에 얹어 드렸다.
5. 동생이 게임기를 잃어버렸다. 하지만 내 것은 빌려주기 싫다.
6. 아빠에게 드리려고 남긴 피자를 모두 먹어 버렸다.
7. 친구가 슬프다고 해서 놀러 나가지 않고 친구의 이야기를 듣기로 했다.

2, 5, 6번은 다른 사람을 먼저 배려한 행동이 아니야. 그렇다면 이런 상황에서 어떻게 해야 다른 사람을 배려하는 것일까?

며칠 동안 다른 사람의 기분을 살피려고 노력해 보자. 혹시 누군가 기분이 좋지 않다면 해 줄 수 있는 일이 있는지 물어보자. 그때 그 사람의 반응을 어떤지, 나의 기분은 어떤지 살펴보자.

2장에서 배운 것들

앞에서 우리는 감정에 대하여 많은 것을 배웠어! 자신의 감정을 표현하는 새로운 방법들을 배웠기를 바랄게. 자신의 감정뿐 아니라 다른 사람의 감정에 대해서도 많이 배웠지. 이번 장에서 했던 활동들을 다시 한번 살펴보고, 좀 어려웠던 활동은 다시 해 봐도 좋을 거야. 이 활동들이 우리의 공감 능력을 한층 높여 줄 테니까.
이번 장에서 배운 내용을 정리하면 다음과 같아.

- 누구나 공통적으로 가지는 감정이 있다.
- 나의 감정은 어떤 사물이나 사건, 생각에 반응하여 생긴다.
- 몸의 감각으로 다른 사람을 관찰하여 감정을 알아차릴 수 있다.
- 다른 사람을 위해서 때로는 나의 감정을 잠시 제쳐 두어야 한다.

이제 적극적인 듣기를 해 볼 차례야. 책장을 계속 넘기자.

● 누구나 자신이 이해받기를 원해. 누구나 다른 사람이 자신의 마음을 좀 알아주었으면 하고 바라지. 그건 당연해. 나의 감정에 귀를 기울여 주는 사람이 있을 때 우리는 사랑받고 존중받는다는 느낌을 받아. 하기 싫은 일을 해야 할 때, 왜 그 일을 하기 싫은지 누군가 내 이야기를 들어 주기만 해도 기분이 훨씬 나아질 거야. 하기 싫은 일을 해야 하더라도 이해받았다는 느낌이 들면 마음이 한결 가벼워져.

이렇게 다른 사람의 마음을 이해하며 들어주는 일을 '적극적인 듣기'라고 해. 적극적인 듣기는 공감에서 대단히 중요해. 적극적으로 듣는 일은 다른 사람의 말을 그저 듣기만 하는 걸 뜻하지 않아. 그 사람의 이야기에 진심으로 귀를 기울이고, 다른 사람이 느끼는 바를 이해하려고 노력해야 해.

이번 장에서는 적극적인 듣기에 초점을 맞춰서 공감에 대하여 알아볼 거야. 적극적으로 듣기 위해서 생각, 몸, 말을 사용해 보고, 상대방의 이야기를 잘 듣고 있다는 걸 표현하는 방법도 배워 보자. 상대방의 말을 잘 이해했다는 표현을 하기 위해 어떤 말을 사용해야 하는지 함께 알아볼게.

# 나의 듣기 능력 테스트

우리가 잘 듣고 있다는 사실을 적절한 행동으로 표현할 때 듣기는 적극적이고 활동적인 일이 될 수 있어. 공감을 위한 듣기는 가만히 있는 게 아니라 상대방이 보고 들을 수 있는 것이어야 해.

누군가의 말을 듣고 있다고 생각하고 아래 목록을 읽어 보자. 평소 상대방의 말을 듣는 동안 어떻게 하는지 떠올리고 해당하는 내용에 표시해 보자.

나는 누군가의 이야기를 듣는 동안 이렇게 한다.

- ☐ 상대방의 이야기에 집중한다.
- ☐ 산만한 행동을 하지 않는다.
- ☐ 몸을 상대방을 향해 돌린다.
- ☐ 눈을 맞춘다.
- ☐ 고개를 끄덕인다.
- ☐ 상대방 쪽으로 몸을 살짝 기울인다.
- ☐ 즐거운 표정을 짓는다.
- ☐ 가끔 질문을 한다.
- ☐ 중간에 방해하거나 끼어들지 않는다.
- ☐ 상대방이 말한 내용을 반복하여 말한다.

● 표시한 것 중에 하나를 골라 보자. 이 행동이 다른 사람의 말을 들을 때 좋다고 생각한다면 왜 그런지 적어 보자.

_____
_____

● 표시하지 않은 것 중에서도 하나를 골라 보자. 왜 이렇게 하기가 어려울까?

_____
_____

● 상대방과 대화할 때 이렇게 하려면 어떤 노력을 해야 할까?

_____
_____

다음에 다른 사람의 말을 들을 때 잘 듣고 있다는 사실을 알리기 위한 행동을 하려고 노력해 보자. 그런 다음, 어떤 행동을 했는지 상대방에게 이야기하고 반응을 살펴보자.

생각하며 듣기

우리의 뇌는 멈추지 않고 항상 활동하고 있어. 뇌의 어떤 부분은 우리 몸을 조절하고, 또 어떤 부분은 우리 생각을 조절해. 적극적인 듣기를 하려면 상대방이 말한 내용에 초점을 맞추고 '생각'하면서 들어야 해. 이건 상당히 어려운 일인데, 생각이란 건 흐트러지기 쉽기 때문이야.

다른 사람이 말하고 있을 때 계속해서 집중하기란 결코 쉽지 않아. 금방 다른 생각을 하기가 쉽지. 하지만 대화를 집중하지 않고 다른 생각을 한다는 걸 알게 되면 상대방은 마음이 상할 수 있어. 자신의 말에 관심이 없고 자신을 무시한다고 생각할지도 몰라. 친구가 어제 자신에게 있었던 일을 이야기하고 있다고 쳐 보자. 그때 핸드폰이나 딴 데를 바라보면 자신을 소홀히 여긴다는 생각에 친구는 마음이 상할 거야.

이번에 다룰 내용은 상대방의 이야기에 집중하는 법에 관한 거야. 주의를 산만하게 만드는 것들을 무시하는 방법을 알아보자. 공감을 위한 듣기에만 해당하는 내용은 아니야. 뇌를 집중하게 하려면 어떻게 해야 하는지 알 수 있어.

소리는 어디에나 있다

우리는 거의 모든 순간에 주변의 소리를 듣고 있어. 조용한 방 안에 있을 때도 뭔가 부스럭거리는 소리가 들릴 거야. '생각하며 듣기'에서 가장 중요한 건 소리에 집중하는 능력이야.

우리 주변의 모든 소리를 듣는 연습을 해 볼게. 소리에 집중하면 생각을 집중하는 데에도 도움이 돼.

먼저 편안한 자세를 취하자. 누워도 되고 의자에 편히 앉아 있어도 좋아. 타이머를 3분에 맞추고 가만히 머릿속에 떠오르는 생각을 따라가면서 주변에서 들려오는 모든 소리를 들어 보자. 듣고 있는 동안 빈 종이에 낙서를 하거나 그림을 그려도 좋아.

● 무엇을 들었니?

___

● 어떤 소리가 인상적이었니?

___

● 어떻게 소리에 집중할 수 있었을까?

___

산책을 나가서 소리에 집중해 보자. 주변에서 들리는 소리, 내 안에서 들리는 소리 등 들을 수 있는 모든 소리를 듣고, 어떤 소리를 들었는지 적어 보자.

주제에 초점을 맞추기

생각하며 듣기는 상대방이 말하고 있는 내용에 생각을 모으고 집중하는 일이야. 이야기의 주제에 초점을 맞추는 것인데, 잘 한번 생각해 봐. 꽤 어려운 일일 거야. 때로는 상대방의 이야기가 오히려 다른 생각을 하게 만들어. 누군가가 오늘 저녁 식사에 대해서 이야기한다면, 그 말을 듣자마자 너는 식사를 마치고 나서 해야 할 일을 떠올릴 수도 있어.

그래서 이런 일이 벌어지면 어느 정도는 당연하다고 생각해야 해. 하지만 상대방이 말하는 동안 주의가 흐트러졌을 때 그런 사실을 알아차리고 다시 이야기에 집중하려고 노력하자.

아래 내용을 살펴보고, 해당 주제와 연결되는 적절한 생각이 무엇인지 골라 보자.

주제	생각
1. 아빠가 퇴근하셔서 오늘 피곤하다고 말씀하셨다.	가. 내일 점심은 뭘까? 나. 오늘 아빠가 열심히 일하셨구나.
2. 선생님께서 책을 크게 읽어 주고 계신다.	가. 재미있는 내용이네. 나. 새로 나온 게임 하고 싶다.
3. 친구가 새 옷에 대하여 이야기하고 있다.	가. 친구에게 잘 어울릴 것 같다. 나. 오늘 수영 수업 있는데.
4. 엄마가 집안일을 도와 달라고 말씀하셨다	가. 친구가 감기에 걸렸다. 나. 청소를 해야겠구나.

5. 친구가 새로 사귄 친구에 대해 이야기하고 있다.	가. 그 친구 멋지던걸. 나. 이따 방 정리해야 하는데.
6. 친구가 주말에 찍은 사진을 보여 주고 있다.	가. 사진이 잘 나왔다. 나. 학원에 늦었다.
7. 친구가 속상해한다.	가. 숙제해야 한다. 나. 표정이 안 좋네. 무슨 일 있나?

이 내용이 너무 당연하다고 생각할지도 몰라. 하지만 답을 고르면서 평소 다른 사람이 말할 때 나는 무슨 생각을 했었나 돌아볼 수 있지 않았니?

평소에 대화를 자주 하는 사람에게, 대화할 때 집중하기 위한 좋은 아이디어가 있는지 물어보자.

산만하게 만드는 것들을 무시하기

어느 날 학교에서 수업을 듣고 있을 때 창문 밖으로 멀리 날아가는 새를 보았어. 무심코 그 새를 바라보면 수업 내용에서 벗어나 다른 생각을 하게 될 거야. 이처럼 우리 주변에는 생각이 흩어지게 만드는 것들이 존재해. 듣고 있던 내용에서 우리 생각을 멀리 떨어지게 해서 주의 집중을 방해하는 거야. 이들을 무시하려면 어떻게 해야 할까?

적극적인 듣기는 우리 뇌가 주의 집중을 방해하는 것들을 무시하는 일이야. 상대방의 이야기에 집중하기 위해 우리를 방해하는 것들에 주의를 빼앗기지 않는 연습을 해 보자.

먼저 주의 집중을 방해하는 것들에는 두 가지 종류가 있어.

내면의 방해 요소 우리 안에서 벌어지는 일. 두통 같은 것들.
외부의 방해 요소 우리 몸 밖에서 벌어지는 일.
　　　　　　　　　어느 순간 갑자기 보거나 듣게 된 것들.

● 다음 각 상황을 읽고, 이 일이 내면에서 벌어진 건지 외부에서 벌어진 건지 판단해 보자.

1. 바스락거리는 소리를 들었다.	☐ 내면	☐ 외부
2. 이따 뭐 하고 놀지 생각한다.	☐ 내면	☐ 외부
3. 배가 고프다.	☐ 내면	☐ 외부

4. 벌레를 발견했다.	☐ 내면	☐ 외부
5. 전에 본 재미있는 영화를 떠올린다.	☐ 내면	☐ 외부
6. 문이 쾅 하는 소리를 들었다.	☐ 내면	☐ 외부
7. 친구를 보았다.	☐ 내면	☐ 외부

2, 3, 5번은 내면에서 벌어진 일이고, 1, 4, 6, 7번은 외부에서 벌어진 일이야.

● 이 중에서 내면의 방해 요소를 하나 골라 보자. 이것을 무시하려면 어떻게 해야 할까?

_____
_____

● 외부의 방해 요소도 하나 골라 보자. 이것을 무시하려면 어떻게 해야 할까?

_____
_____

 생각하기

나의 주의를 자주 흐트러뜨리게 하는 방해 요소가 무엇인지 생각해 보자. 주로 내면의 방해 요소일까, 외부의 방해 요소일까? 이들을 무시하려면 어떻게 해야 할까?

몸으로 듣기

나와 자주 대화하는 사람을 떠올려 보자. 나의 말을 듣는 동안에 그 사람이 무엇을 하는지, 어떤 행동이었는지 구체적으로 떠올려 보자. 그 사람의 그런 행동으로 인해 너는 어떤 기분이 들었니?

우리는 다른 사람의 이야기를 잘 듣고 있다는 사실을 몸으로 표현을 할 수 있어. 내가 말하고 있을 때 친구가 시선을 다른 곳으로 돌린다면 친구는 내 이야기를 잘 듣고 있는 걸까? 의자에 삐딱하게 앉아 있다면 어떨까? 아마 '내 이야기를 잘 안 듣고 있구나.' 하고 생각하게 될 거야. 친구가 지루해한다고 생각할 수도 있지.

친구가 내 얼굴을 바라보고 이야기에 맞춰 고개를 끄덕인다면? 이는 간단한 행동이지만, 상대방의 이야기에 관심을 가지고 잘 듣고 있다는 표현이야. 또 어떤 행동을 하면 잘 듣고 있다는 표현이 될 수 있을까?

- 말하는 사람과 시선을 맞추기
- 말하는 사람 쪽으로 몸을 향하기
- 이야기를 들으며 가볍게 고개를 끄덕이기
- 말하는 사람 쪽으로 몸을 기울이기
- 몸을 산만하게 움직이지 않고 가만히 있기

이제부터 나오는 연습을 하려면 좀 어색할 수도 있어. 그래서 더욱 연습이 필요한 거니까 성의 있게 한번 해 보자. 자꾸 하다 보면 점차 익숙해질 거야.

시선으로 표현하기

말하는 사람을 바라보는 것도 잘 듣고 있다는 표현 중 하나야. 가끔 눈을 마주쳐도 좋지만 눈을 마주치면 불편한 느낌이 들 수도 있는데, 그럴 때는 그냥 얼굴 쪽을 바라보아도 괜찮아. 말하는 사람의 두 눈 사이나 시선이 가는 다른 부분을 자연스럽게 바라보면 좋지. 어쨌거나 중요한 건, 말을 하고 있는 사람에게 시선을 두는 거야.

아래 연습은 대화 상대에게 자연스럽게 시선을 두는 연습이야.

무엇이 필요할까?   거울

이렇게 하자.   1. 거울과 마주 본다.
  2. 거울 속 자신을 바라보면서 하고 싶은 이야기를 해 본다.

● 어떤 느낌이 들었니?
_____
_____
_____

● 얼굴 중에서 어느 부분에 가장 많이 시선을 두었니?
_____
_____

● 다시 한번 해 보자. 이번에는 오로지 눈만 바라보고 어떤 느낌이 들었는지 말해 보자.

_____
_____

● 이번에는 시선을 다른 곳에 두고 다시 한번 해 보자. 어떤 느낌이 들었니?

_____
_____

이제 거울 대신에 가족이나 친구와 대화하는 연습을 해 보자. 서로의 얼굴이나 눈을 바라보면서 말하기를 해 보고 어떤 느낌이었는지 이야기해 보자.

고개 끄덕이기와 몸 기울이기

사람들은 보통 자신의 이야기를 잘 들어 주는 사람과 대화하고 싶어 해. 왜일까? 이유는 간단해. 내 이야기에 공감해 주는 느낌이 들어서 기분이 좋기 때문이야. 이야기를 잘 들어 주는지는 어떻게 알 수 있을까? 아마 그런 사람은 이야기를 듣는 동안에 우리 쪽으로 살짝 몸을 기울이고 가끔 고개를 끄덕일 거야. 누군가 대화할 때 내 이야기를 잘 듣고 있는 것 같지 않다면, 그 사람은 아마 다른 곳을 쳐다보거나 가만히 있지 않고 몸을 계속 움직였을 거야. 대화하는 동안 상대방이 이런 모습을 보이면 무시당한 것 같은 기분이 들지.

내가 말하는 동안에 상대방이 아래와 같은 행동을 한다면 그 사람이 내 이야기를 잘 듣고 있는 것처럼 느껴질까? 만약 아니라면 그 대신에 어떤 행동을 하면 좋을지 생각해 보자.

1. 내가 말하는 동안에 같이 말한다.
2. 시선을 아래로 떨구거나 다른 곳을 바라본다.
3. 내 이야기를 듣고 질문을 한다.
4. 고개를 끄덕인다.
5. 등을 돌린다.
6. 핸드폰을 본다.
7. 내가 말하는 내용에 대하여 이야기한다.

가족이나 친구에게 내가 이야기를 잘 들어 주는 사람인지 물어보자. 상대방의 이야기를 더 잘 듣기 위한 행동에는 또 무엇이 있을까?

말로 표현하며 듣기

앞에서 생각하며 듣기, 몸으로 표현하며 듣기를 해 보았어. 이번에는 내가 잘 듣고 있다는 사실을 직접 말로 표현하는 방법에 대해 알아보려고 해. '상대방이 말한 내용을 반복해서 다시 들려 주기'와 '적절하게 질문하기'를 배울 거야. 다시 들려 주기와 질문하기를 하려면 실제로도 상대방의 이야기를 잘 들어야 해.

상대방을 배려하는 말하기

다른 사람과의 대화는 직선이 아니라 지그재그인 경우가 많아. 한 사람만 일방적으로 말하기보다는 왔다 갔다 하며 주고받는 거야. 누군가 먼저 말하면 다른 사람이 그에 대해서 말하면서 대화가 계속 이어지는 게 보통이지. 상대방이 말하고 나서 우리 차례가 되었을 때 우리가 무슨 말을 하느냐가 중요해. 그 말이 상대방이 말한 내용에 우리가 신경 쓰고 있다는 사실을 보여 주기 때문이야.

어떤 말을 사용하면 좋을까? 예를 들어, 친구가 슬픈 소식을 전할 때 알맞은 반응은 '속상하다, 안타깝다'일 거야. "나도 마음이 아파."라고 표현하면 적절할 것 같아. 만약 친구의 말에 웃음을 터뜨리거나 주제를 갑자기 바꾸면 친구는 우리가 자신에게 신경도 안 쓰고 관심도 없다고 생각하게 될 거야. 물론 기분도 나쁘겠지?

아래 상황을 읽고, 상대방의 이야기에 신경 쓰고 있다는 표현을 하려면 어떤 말을 해야 할지 생각해 보자.

1. 할머니께서 편찮으셔서 병원에 계시다고 친구가 말했다.	가. "같이 놀러 갈래?" 나. "할머니께서 입원하셨다니 속상하다."
2. 동생이 학교에서 생긴 문제에 대해 말했다.	가. "그런 일이 생겨서 안타깝다." 나. "넌 당해도 싸다."
3. 친구가 재미있는 텔레비전 프로그램에 대해 말했다.	가. "이번에 우리 큰 텔레비전 샀어." 나. "나도 한번 봐야지!"

4. 아빠가 오늘 몸살 기운이 있는 것 같다고 말씀하셨다.	가. "우리 밖에 나가서 놀면 안 돼요?" 나. "푹 쉬시고 얼른 나으세요."
5. 친구가 숙제를 어떻게 해야 할지 모르겠다고 말했다.	가. "같이 할까?" 나. "학원 가기 싫다."
6. 엄마가 오늘 할 일이 많다고 하셨다.	가. "오늘 자장면 먹고 싶어요." 나. "제가 도와드릴 일이 있나요?"
7. 친구가 가장 좋아하는 장난감을 잃어버렸다고 말했다.	가. "진정해. 그런 건 다시 사면 되지." 나. "속상하겠다."

● 실제로 비슷한 상황이 있었는지 떠올려 보자. 또, 최근에 다른 사람과 나누었던 대화를 떠올려 보자. 상대방이 말한 내용에 관심을 적절히 표현했다면 어떤 말이었는지 한번 적어 보자.

사람들과 대화할 때 배려하는 말을 사용하려고 노력해 보자. 그러고 나서 말할 때 달라진 점이 무엇인지 이야기해 보자.

상대방의 이야기를 듣고 질문하기

질문하기는 상대방이 말한 내용에 관심이 있다는 것을 표현하는 매우 좋은 방법이야. 이때 어떤 질문이냐가 중요한데, 아래 조건에 맞아야 해.

주제에 맞는   상대방이 말한 내용에 대한 질문
성의 있는   너무 짧지 않은 질문
설명하는   상대방이 말한 내용을 이해하기 위한 질문

예를 들어 볼게. 친구가 체조 수업에 대한 이야기를 하는 중이라면 이렇게 물어볼 수 있겠지. "아, 그 수업 어때? 재미있어?" 이 질문은 친구가 말한 내용에 대한 관심을 보여 주면서 동시에 그에 대해서 더 알고 싶다는 뜻을 담고 있어. 이런 식으로 질문하는 연습을 한번 해 볼까? 누군가 아래 주제에 대한 이야기를 꺼냈다면 질문을 어떻게 하면 좋을지 떠올리고 적어 보자.

1. 야구
_____
_____

2. 사자
_____
_____

3. 캐릭터 인형
_____

4. 컴퓨터

5. 책

6. 음식

7. 고양이

● 어떤 경우에 질문하기가 좀 더 쉬웠니?

● 질문을 떠올리는 일이 어려웠다면 왜 그랬는지 생각해 보자.

★ 3장에서 배운 것들 ★

이번 장에서는 듣기에 대해서 많은 것을 배웠어. 다른 사람과 대화할 때 적극적으로 듣는 방법을 알아보고, 이에 대한 연습도 해 보았어. 어떤 연습을 했는지 다시 살펴보자.
이번 장에서는 다음과 같은 것들을 배웠어.

- 생각하며 듣는 법
- 몸으로 표현하며 듣는 법
- 말로 표현하며 듣는 법

공감 능력 가운데 '적극적인 듣기'의 방법을 터득했어. 이제 공감에서 정말 중요한 '반영하기'를 배울 거야. 상대방의 입장이 되어 바라보고 그 시각을 반영하는 일에 대해 알아보자.

● 이번에 이야기할 내용은 공감에서 가장 어려운 부분에 대한 거야. 앞에서 우리는 다른 사람이 어떻게 보는지 이해하는 법을 배웠어. 이를 다르게 표현하면 '입장을 바꿔 보기', '다른 사람의 입장이 되어 보기'라고 해. '나의 입장을 전하기'가 아니라는 점에 주목하자. 입장 바꿔 보기를 잘 해내면 내가 아닌 다른 사람이 무엇을 어떻게 보며, 어떻게 이해하는지를 알 수 있게 돼.

동물에 대한 포스터를 만드는 과제를 하게 되었다고 쳐 보자. 너는 돌고래를 맡게 되었고, 좋아하는 동물이라 기분이 무척 좋았어. 하지만 친구는 거북이에 대한 포스터를 만들게 되었어. 친구는 거북이를 좋아하지 않아. 친구의 입장에서 생각해 보면 과제가 그리 즐겁지 않을 거야. 그리고 포스터를 잘 못 만들까 봐 불안하겠지.

반영하기는 다른 사람의 입장에 대해서 이해하는 거야. 다른 사람의 시각을 이해하려면 그에 대한 단서를 찾아야 해. 그 단서를 보고 상대방이 어떤 일이나 사물을 어떻게 바라보고 있는지 이해하는 거야.

공감을 '사회적인 감정'이라고도 해. 다른 사람과의 관계를 잘 구축하는 데에 도움을 주기 때문이야. 다른 사람들이 바라보는 시각을 이해하면 사람들과 더 가까워질 수 있어.

그럼 공감 능력을 키우기 위한 여정을 계속해 보자.

다른 사람의 시각

'다른 사람의 시각으로 보기'는 이미 우리가 알고 있는 다음 세 가지를 합친 것과 같아. 첫째, 자기 자신의 감정을 잠시 제쳐 두기, 둘째, 몸이 주는 단서를 읽기, 셋째, 다른 사람이 어떻게 느끼는지를 생각하기. 다른 사람의 시각으로 보려면 이 세 가지를 한꺼번에 해야 해. 이런 능력을 가진다는 건 어렵지만 정말 좋은 일이야. 다른 사람의 시각을 이해하면 왜 그들이 그렇게 행동하는지 이해할 수 있어.

앞에서 돌고래와 거북이에 관한 과제 이야기를 했어. 너는 좋아하는 동물에 대한 과제를 하게 되어서 행복한 나머지 그 이야기를 많이 할 거야. 친구는 좀 속상하겠지. 말도 별로 없을 거고. 자신의 입장에서만 바라보면 친구를 이해할 수 없어. 하지만 친구의 입장에서 보면 오히려 네가 무신경한 것처럼 보일 거야. 보이기만 하는 게 아니라 정말로 그런 걸 수도 있지. 그렇지 않니?

이번 장의 연습들은 다른 사람의 시각을 추측하여 그 시각으로 바라보기 위한 거야. 특히 다른 사람이 자신과 다른 시각을 가진 경우에 대비할 수 있는 좋은 기회라 생각해.

입장을 바꿔 보기

'입장을 바꿔 보기'는 공감을 가장 잘 표현하는 말일 거야. 입장을 바꿔 본다는 건 상대방의 시각을 이해한다는 뜻이야. 그러려면 그 사람이 이 상황을 어떻게 바라보고 있는지를 열심히 생각해야 해.

입장 바꿔 보기는 공평한 시각을 가진다는 뜻이기도 해. 단지 내 입장이나 감정만 내세우지 않고 상대방의 입장과 감정도 고려하는 일이니까. 결국 입장을 바꿔 본다는 건 모든 사람이 자신만의 고유한 시각을 가졌다는 사실을 이해하는 일과 같아.

다음 상황들을 읽고, 두 사람의 시각에서 각자 이 상황을 어떻게 바라볼지 적어 보자.

1. 친구의 자전거를 빌렸다. 얼마 지나지 않아 친구가 자전거를 돌려 달라고 한다. 하지만 나는 자전거를 좀 더 빌리고 싶다. 그리고 친구가 자전거를 한동안 타지 않을 거라는 걸 알고 있다.

나의 시각에서 이 상황은 어떨까?

_____

친구의 시각에서 이 상황은 어떨까?

_____

2. 엄마가 어제 방을 치우라고 하셨는데 여전히 내 방은 엉망이다.

나의 시각에서 이 상황은 어떨까?
_____

엄마의 시각에서 이 상황은 어떨까?
_____

내가 좋아하는 것, 내가 싫어하는 것에 대해서 다른 사람과 이야기를 나눠 보자. 다른 사람들도 나와 같은 생각일까? 내가 좋아하는 영화나 스포츠를 다른 사람도 좋아할까?

대접받고자 하는 대로 대접하기

황금률은 내가 대접받고 싶은 그대로 다른 사람을 대접하라는 뜻을 담은 말이야. 다른 사람의 도움이 필요했던 적이 있지 않니? 원하는 대로 일이 잘 안되어서 '누가 나 좀 도와주었으면' 하고 바랐던 경험 말이야. 황금률을 따르려면 다른 사람들이 나를 도와줬으면 하고 바라는 만큼 내가 먼저 다른 사람을 도와야 해. 물론 쉬운 일은 아니지. 내 마음이 상했거나 기분이 좋지 않을 때는 더욱 그래.

왜 황금률이 중요할까? 황금률을 이해하는 연습을 해 보자. 아래와 같은 상황일 때 다른 사람들이 나를 어떻게 대해 주었으면 하는지 생각하고 적어 보자.

1. 기분이 나쁘다.
2. 시합에서 졌다.
3. 부모님에게 벌을 받았거나 집에 나쁜 일이 생겼다.
4. 숙제를 깜빡했다.
5. 어려운 시험에서 좋은 성적을 받았다.
6. 키우던 강아지를 잃어버렸다.
7. 옷을 거꾸로 입었다.

_____
_____
_____

황금률을 실천한 적이 있다면 그때 기분이 어땠는지 생각해 보자.

애매한 상황일 때

애매한 상황이라는 건 정답이 따로 없는 경우를 말해. 이런 경우에는 각자가 이 상황을 어떻게 바라보느냐에 달린 문제라서 잘잘못을 딱 가리기도 어려워. 애매한 상황에서는 서로 다른 관점에서 상황을 바라보려고 노력해야 가장 좋은 해결책을 찾을 수 있어.

아래 각 상황을 읽고 생각해 보자. 내가 다른 사람의 입장이 되어 상황을 바라본다면 어떤 일이 생길까? 또, 그렇게 하지 않는다면 어떻게 될까?

1. 한 친구와 1학년 때부터 쭈욱 친하게 지내 왔다. 그런데 이번 여름에 새 친구가 생겼다. 원래부터 친하던 친구는 자신과 새 친구 중에서 한 명을 고르라고 한다. 어떻게 해야 할까?

- 지금의 상황에 대한 나의 입장을 써 보자.

- 두 친구는 각각 이 상황을 어떻게 바라볼까?

- 나는 무엇을 할 수 있을까?

2. 친구가 키우던 반려견이 세상을 떠났다. 친구는 화요일에 수업을 마치고 함께 있어 달라고 했다. 하지만 나는 죽음이나 이별에 대해 생각하고 싶지 않

다. 마음이 불편해서다. 친구를 위로하기 위해서 뭐라고 말해야 하는지도 잘 모르겠다. 게다가 화요일에는 해야 할 숙제도 많다. 어떻게 해야 할까?

- 지금의 상황에 대한 나의 입장을 써 보자.

- 친구는 이 상황을 어떻게 바라볼까?

- 나는 무엇을 할 수 있을까?

3. 가장 친한 친구가 멀리 이사를 가게 되었다. 작별 인사를 하고 싶었지만 서운한 마음만 커서 어떻게 해야 할지 잘 떠오르지 않았다. 친구네 집에서 함께 식사를 하기로 했는데, 정말 가고 싶은 건지 모르겠다.

- 지금의 상황에 대한 나의 입장을 써 보자.

- 친구는 이 상황을 어떻게 바라볼까?

- 나는 무엇을 할 수 있을까?

우정에 관한 일

누구나 친구가 필요해. 친구와 함께하면 재미있어. 친구는 우리가 어려울 때 손을 내밀어 주고 우리의 하루하루를 더 밝게 해 주는 사람이야.

공감 능력은 친구를 사귈 때에도 도움을 줘. 공감을 잘하면 친구와 좋은 관계를 유지할 수 있어. 그냥 자연스럽게 흘러가는 우정도 있지만, 친구와 잘 지내기 위해서 노력이 필요한 순간도 있잖아. 그럴 때 공감이 꼭 필요해. 친하다고 친구를 막 대하는 건 좋지 않아. 친할수록 말과 행동을 더 사려 깊게 해야 하지. 내가 원하는 대로만 말하거나 행동하는 것도 우정에는 도움이 되지 않아. 친구가 좋아하는 것, 하고 싶어 하는 것도 함께 고려해야 해.

만약 나와 취향이 같고, 같은 방식으로 이 세상을 바라보는 친구가 있다면 정말 좋은 일이야! 하지만 그렇지 않더라도 우정을 위해서는 상대방의 입장을 헤아리려고 노력해야 해. 그런 노력이 우리 자신을 더욱 좋은 친구로 만들어 줄 거야.

타이밍이 중요하다

어떤 말을 내뱉거나 행동을 하고서 '안 그랬다면 좋았을 텐데.' 하고 후회한 적이 한 번쯤 있지 않니? 다른 사람들과 잘 지내기 위해서는 어떤 말이나 행동을 하기에 적절한 때인지 아닌지를 파악할 줄 알아야 해. 적절한 때가 언제인지를 알려면 상대방의 입장을 고려해야 하는데, 간단한 예를 들어 볼게. 지금 언니가 기분이 좋지 않다면 언니에게 신발을 빌려 달라고 말을 꺼내기에 적절한 때가 아니야. 언니가 기분이 나아질 때까지 좀 기다렸다가 나중에 말을 꺼내는 게 좋겠지? 친구 사이에서도 적절한 타이밍을 생각할 줄 알아야 좋은 친구가 될 수 있어.

다음을 보고, 이런 말이나 행동을 하기에 적절한 때와 그렇지 않은 때를 떠올려 보자.

> 예시) 집에서 뛴다.
> 이렇게 하기에 적절한 때 : 도움이 필요할 때
> 이렇게 하기에 적절하지 않은 때 : 손에 가위를 들고 있을 때

1. 누군가와 포옹한다.
이렇게 하기에 적절한 때 :
이렇게 하기에 적절하지 않은 때 :

2. "네가 틀렸어."라고 말한다.
이렇게 하기에 적절한 때 :
이렇게 하기에 적절하지 않은 때 :

3. TV 예능 프로그램을 보고 웃었다.

이렇게 하기에 적절한 때 :

이렇게 하기에 적절하지 않은 때 :

4. 누군가에게 소리를 지른다.

이렇게 하기에 적절한 때 :

이렇게 하기에 적절하지 않은 때 :

5. 도움을 청한다.

이렇게 하기에 적절한 때 :

이렇게 하기에 적절하지 않은 때 :

6. 학교에 대한 불평을 한다.

이렇게 하기에 적절한 때 :

이렇게 하기에 적절하지 않은 때 :

7. 친구에게 잘했다고 말한다.

이렇게 하기에 적절한 때 :

이렇게 하기에 적절하지 않은 때 :

좋은 타이밍이 아니었다고 생각한 일을 떠올려 보자. 만약 타이밍이 더 좋았다면 어떤 차이가 있었을까?

친구는 특별한 존재

우리를 '특별한 존재'로 만들어 주는 사람, 바로 친구야. 친구는 나를 웃게 하고, 내가 좋아하는 것과 좋아하지 않는 것을 알고 있어. 나와 친구 사이는 즐거운 기억을 공유하기 때문에 더욱 특별해.

우리 자신이 좋은 친구라면 친구도 자신을 특별한 존재라고 느낄 거야. 다른 사람이 특별하다는 느낌을 받게 하려면 어떻게 해야 할까? 방법은 여러 가지인데 한번 생각해 보자. 어떤 사람은 사람들과 함께 보내는 시간을 무척 좋아해. 그런 사람은 다른 사람과 함께 보내는 시간이 많을 때 자신이 특별하다고 여길 거야. 또 어떤 사람은 정성이 들어간 무언가를 받을 때 그런 느낌을 받을 수도 있어. 그런 사람에게는 재미있는 그림을 직접 그려 주면 정말 좋아하겠지?

친구 다섯 명을 떠올리고 이름을 적어 보자. 각 친구에게 특별한 존재라는 느낌을 주려면 어떻게 해야 할까?

이름	무엇이 이 사람에게 특별하다고 느낌을 줄까?
1.	
2.	
3.	
4.	
5.	

● 이 중에서 한 친구를 골라 보자. 이 친구로 인해 나 자신이 특별한 존재라

는 느낌이 든다면 친구의 어떤 점이나 행동이 그런 느낌을 주는 걸까?

● 이 친구에게 '너는 특별한 존재야.'라고 느끼게 하기 위해 내가 당장 할 수 있는 일이 무엇일까?

● 이 중에서 더 친해지고 싶은 친구가 있다면 이름을 적어 보자.

● 그 친구와 더 가까워지려면 무엇을 해야 할까?

앞에서 이름을 적었던 다섯 친구와 차례로 이야기를 나누며 무엇이 자신에게 특별하다는 느낌이 주는지 물어보자. 친구의 답변이 생각했던 바와 비슷하니? 친구의 답변이 생각과 다르다면 친구에 대해 새로 어떤 점을 알게 되었을까?

친구를 알아 가기

친구가 된다는 건, 서로 다른 사람들이 상대방에 대해 조금씩 알아 가는 일이야. 지금보다 어릴 때는 나와 친구 사이에 공통점이 더 많다고 느끼지 않았니? 같은 등굣길을 이용하고 같은 놀이를 하고 같은 간식을 좋아했을 거야. 하지만 나이가 들어갈수록 점차 다른 사람에게서 새롭고 다른 점들을 더 많이 발견하게 돼. 아무리 비슷하고 친한 친구 사이라도 모든 것이 같을 수는 없어. 하지만 친구는 야구를 좋아하고 나는 수영을 좋아하더라도 우정을 쌓아 가는 데에 아무런 문제가 되지 않아. 그래도 여전히 좋은 친구 사이가 될 수 있어. 오히려 서로 다른 점을 좋아하고 존중한다면 더욱 돈독한 사이가 될 거야.

친구를 알아 가는 일은 함께 더 즐거운 시간을 보내기 위한 방법을 찾는 과정이야. 그 과정을 통하여 우리는 서로에게 좋은 친구가 될 수 있어.

가까운 친구에 대해서 생각하는 시간을 가져 보자. 친구를 한 사람 떠올리고, 다음 질문에 답해 보자.

- 누구와 살고 있을까?
- 좋아하는 음식은?
- 학교에서 가장 좋아하는 것은?
- 좋아하는 운동은?

● 이 밖에 친구에 대해 알고 있는 것들을 생각나는 대로 적어 보자.

● 친구에 대해 더 알고 싶은 점이 있다면 무엇일까?

친구에 대하여 적은 내용이 맞는지 한번 물어보자. 알고 있는 사실이 맞았니? 이 사람에 대하여 새로 알게 된 점이 있다면 무엇일까?

의견이 맞지 않을 때

사람들과 잘 지내려면 공감을 잘해야 해. 물론 공감한다고 해서 우리가 항상 다른 사람과 잘 지낼 수 있는 건 아니야. 하지만 갈등이 생겨서 해결 방법을 찾을 때 공감은 분명 도움이 될 수 있어.

공감을 잘한다는 건 너와 내가 서로 다른 시각을 가졌다는 사실을 이해하고 받아들이는 거야. 서로 다르게 보아도 괜찮다는 걸 안다는 뜻이지.

의견이 다를 때 자신만 옳다고 주장하면 문제나 갈등을 풀기 어려워져. 대부분의 갈등은 각자 자신이 옳다고 주장하기 때문에 생겨. 앞에서 보았던 뱃사람과 물개를 떠올려 봐. 둘은 같은 빙하를 바라보고 있어. 빙하를 아래쪽에서 보는 시각과 위쪽에서 보는 시각은 다를 수밖에 없어. 두 사람 다 옳아! 그저 다른 시각을 가졌고 양쪽 모두 다른 쪽에서 바라보는 모습을 볼 수 없었던 거야.

다른 사람과 의견이 맞지 않아서 문제가 생긴다면 서로 다른 쪽에서 바라보고 대화해야 해. 그래야 모두 만족할 수 있는 해결책을 떠올릴 수 있어. 그게 우리가 함께 어울려서 잘 살아갈 수 있는 방법이야. 다른 사람과 의견이 다를 때 생기는 문제를 어떻게 다루어야 할지 함께 알아보자.

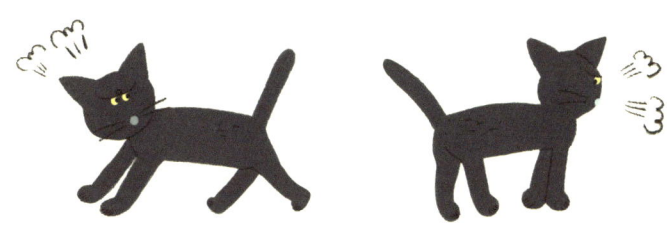

상대방의 시각으로 바라보기

갈등을 해결하는 방법 가운데 하나는 상대방의 입장에 대해 듣는 거야. 이때 차분한 상태로 상대방의 이야기를 잘 들어야 하고, 자신이 옳다고 주장할 필요는 없어. 이것은 옳고 그름에 대한 문제가 아니야. 나와 상대방은 각자 다른 쪽에서 상황을 바라보고 있어. 당연히 상대방의 시각에 동의하기 힘들 거야. 상대방의 이야기를 듣는 목적은 어느 누가 옳은지를 밝히기 위해서가 아니라는 사실을 꼭 기억하자.

공감은 다른 사람이 나와 다른 시각을 가졌다는 사실을 깨닫고, 다름을 그 자체로 받아들이려고 노력하는 거야. 나의 입장과 너의 입장은 다를 수 있어. 나와 다른 입장을 판단하지 않고 이해하려고 노력하는 일이 공감이야.

● 나의 행동이 다른 사람에게 영향을 준 문제 상황과 상대방의 마음이 상한 이유가 적혀 있어. 상대방의 시각을 고려하면서 어울리는 것을 연결해 보자.

1. 축구 시합에 늦었다.   •   • 가. 자신이 중요한 친구가 아니라는 느낌을 받았다.

2. 친구의 생일을 잊었다.   •   • 나. 혼자 남겨져서 슬펐다.

3. 사촌형에게 장난감을 빌렸는데 잃어버렸다.   •   • 다. 실수로 그런 건데 너무하다.

4. 동생과 같이 놀러나가기로 하고는 그냥 가 버렸다.   •   • 라. 약속을 일방적으로 취소하는 건 나쁘다.

5. 쉬는 시간에 한 친구만
   빼고 놀았다.

   마. 팀에 사람이 부족해서
   시합이 취소될 뻔했다.

6. 짝이 연필을 부러뜨렸
   다고 선생님께 일렀다.

   바. 가장 좋아하는 장난감이
   사라졌다.

답 : 1-마 / 2-가 / 3-바 / 4-라 / 5-나 / 6-다

● 이제 누군가와 의견이 맞지 않았던 상황을 떠올리고, 상대방의 입장에서 문제를 바라보고 쓰는 연습을 해 보자. 상대방이 옳았기 때문이 아니라 그저 그들의 입장이 한번 되어 보는 거야.

_____

_____

_____

 생각하기

최근에 다른 사람과 의견이 맞지 않았던 또 다른 상황을 떠올리고, 그때 상대방이 어떻게 했는지, 그에 대하여 자신이 어떻게 반응했는지 생각해 보자. 어떻게 하면 더 잘 대처할 수 있었을까?

사과는 중요하다

앞에 나왔던 황금률을 다시 떠올려 보자. 황금률은 자기 자신이 대접받고 싶은 대로 다른 사람을 대접하라는 것이었어. 하지만 우리는 늘 완벽할 수 없어. 그래서 가끔은 그렇게 하지 않고 다른 사람을 상처 주는 말이나 행동을 하기도 해. 우리가 나쁜 사람이라는 뜻은 아니야. 우리는 사람이잖아. 누구나 실수를 할 때가 있어.

공감은 다른 사람을 상처 주었을 때 미안하다고 말하는 거야. 나의 잘못이나 실수에 대한 사과를 해야 우리 자신도 더는 나쁜 기분이 들지 않아. 나쁜 사람이 된 것 같은 기분이 들고 싶은 사람은 없을 거야. 우리 안에는 실수에 대하여 미안해하고 상처받은 사람의 기분이 낫기를 바라는 마음이 있어.

사과를 할 때는 다음 세 가지를 꼭 기억하자.

1. 잘못했다고 생각한 일을 말하고 미안하다고 하기
2. 상대방의 기분이 나아지려면 어떻게 해야 하는지 물어보기
3. 다음에는 그러지 않도록 노력하겠다고 말하기

연습해 볼까? 간단한 상황을 상상해 보자. 학교에서 뜻하지 않게 누군가와 부딪혀서 상대방의 발을 밟았어. 그때 세 가지를 고려하여 이렇게 말할 수 있어.

1. "미처 못 봤나 봐. 발을 밟아서 미안해."
2. "괜찮니?"
3. "다음에는 조심할게."

1단계 사과할 때 사용할 수 있는 말들을 모아 보았어. 목록을 보고 가장 많이 사용하는 말에 표시해 보자.

☐ 미안해.   ☐ 사과할게.   ☐ 내 실수야.
☐ 내 잘못이야.   ☐ 내가 나빴어.   ☐ 내가 틀렸어.

● 사과할 때 또 어떤 말을 하면 좋을까? 생각나는 대로 적어 보자.

_____
_____

2단계 어떤 말을 하면 상대방의 기분이 좀 풀릴까? 아래 목록을 보고 평소에 가장 많이 사용하는 말에 표시해 보자.

☐ 괜찮니?   ☐ 내가 도와줘도 되니?
☐ 내가 해 줄 수 있는 일이 있을까?   ☐ 이렇게 하면 도움이 될까?

● 또 어떤 말을 하면 좋을까? 생각나는 대로 적어 보자.

_____
_____

3단계 다음에 어떤 노력을 할지 표현하는 말들을 떠올려 보자.

☐ 더 많이 신경 쓸게.   ☐ 조심할게.   ☐ 다음엔 더 잘할게.
☐ 안 그러도록 꼭 기억할게.   ☐ 노력할게.   ☐ 믿어도 좋아.

· 99 ·

● 이제 아래 상황 가운데 하나를 골라 직접 사과하는 말을 적으면서 연습해 보자.

- 새 러그에 주스를 엎질렀다.
- 형의 간식을 먹어 버렸다.
- 장난감을 빌렸는데 실수로 떨어뜨려서 망가졌다.
- 화가 난 나머지 욕을 했다.

1. 잘못했다고 생각한 일을 말하고 미안하다고 하기

2. 상대방의 기분이 나아지도록 도움을 주기

3. 다음에는 그러지 않도록 노력하겠다고 말하기

 생각하기

실제로 다른 사람의 마음을 상하게 하는 일이 벌어진다면 앞에서 연습한 대로 사과의 말을 해 보자. 상대방이 사과를 듣고 기분이 좀 나아진다면 왜인지 생각해 보자. 기분이 나아진 것 같지 않다면 그 이유에 대해서도 생각해 보자.

4장에서 배운 것들

다른 사람이 보는 시각에 대하여 많은 것을 배웠어. 이번에 배운 내용은 우정이나 다른 사람들과의 관계에서 매우 중요해. 좋은 관계를 위해서는 갈등 상황에서 내가 옳다는 점에만 초점을 맞추어서는 안 돼.

이번 장에서 해 본 연습들을 다시 살펴보자. 이 연습들이 공감 능력을 한창 높이는 데에 도움을 줄 거야. 한 번에 다 해내지 못했다면 시간을 두고 다시 해 보는 것도 좋아.

이번 장에서는 다음과 같은 것들을 배웠어.

- 다른 사람들이 어떻게 바라보는지를 생각하는 법
- 친구를 사귀고 우정을 유지하는 법
- 갈등을 해결하는 법
- 사과하는 법

공감 능력 가운데 '반영하기'를 마쳤어. 이제 마지막 순서가 남았어. 바로 공감하며 '행동하기'야.

5장
공감하며 행동하기

● 지금까지 공감에 대하여 알아보고 공감 능력을 기르기 위한 다양한 연습을 해 보았어. 이제 네가 가진 공감 능력을 실제로 사용해 볼 차례야.

공감하며 행동하기는 어떤 행동을 할 때 다른 사람을 위하는 일이 무엇인지 함께 고려하는 거야. 다른 사람에 대한 배려의 마음을 행동으로 표현하는 일은 생각보다 어렵지만, 공감 능력은 우리가 가진 위대하고 소중한 힘이잖아. 슈퍼맨이 자신이 날 수 있는 힘을 절대 사용하지 않는다면 안타까운 일이야. 우리 모두를 위해 우리가 가진 이 초능력을 사용해 보자.

이번 장에서는 가정, 학교, 공동체와 사회 등에서 공감 능력을 사용하는 연습을 해 볼 거야. 사실 공감 능력은 어디에서나 사용할 수 있어. 초점을 맞출 부분은 생각이나 말뿐 아니라 실제 '행동'으로 공감 능력을 다른 사람에게 보여 주는 일이야.

가족 간의 공감

공감 능력을 사용해 볼 첫 번째 장소는 집이야. 가장 가깝고 자주 만나는 사이일수록 공감하는 연습이 필요해. 잘 살펴보면 가족을 돕고 공감할 수 있는 일이 정말 많아. 매일 만나지 않는 가족을 위해서도 할 수 있는 일이 있어. 전화로 안부를 물어보는 단순한 일도 공감을 표현하는 하나의 방법이야.

가족 구성원들 사이의 공감은 우리가 중요한 존재라는 느낌을 갖게 해 줘. 또 서로를 더 가깝게 느끼게 해 주지. 공감은 가장 가까운 사람들과의 소통을 도울 뿐 아니라, 함께하며 연결되어 있다는 소속감을 갖게 해 줘.

서로 공감을 잘하는 가족은 화목해! 누구나 가족과 잘 지내고 싶을 거야. 매일 다투고 싶은 사람은 없지. 너도 그렇지 않니? 부모님과 잘 지내고 싶다면 무엇보다 먼저 서로 공감하고 배려하는 마음을 표현하려고 노력해 보자.

반려동물 돌보기

공감 능력은 반려동물을 돌볼 때에도 필요해. 그들도 우리에게 가족이나 다름없어. 동물들은 우리와 대화할 수도, 자신의 감정을 말로 표현할 수도 없으니 반려동물을 돌보는 일이야말로 공감 능력을 충분히 사용할 수 있는 좋은 기회야.

어떤 사람은 오히려 사람보다 동물에게 공감하기가 더 쉽다고 생각해. 그럴 수도 있어. 반려동물들은 언제나 사랑이 넘치고 포용력이 있으며 우리와 말다툼을 하지도 않으니까 말이야.

반려동물을 기르고 있다면 그 모습을 떠올려 보자. 반려동물을 기르지 않는다면 골목에서 마주쳤던 길고양이나 작은 참새도 좋아. 우리와 함께 살아가고 있는 동물들의 모습을 떠올려 보자.

● 어떤 동물이 떠올랐니? 이름이 있다면 적어 보자.

● 이 동물을 친절하게 대하기 위해서 어떤 일을 할 수 있을까?

도움이 필요한 동물을 떠올려 보자. 유기견이나 다리를 다친 이웃집의 고양이 등등 우리와 함께 살아가는 동물들을 돕기 위해서 할 수 있는 일이 무엇인지 생각해 보자.

친절함을 베풀기

공감의 가장 좋은 점은, 우리가 사랑하는 사람들과 더 가까워지도록 해 준다는 거야. 우리는 친절한 태도와 행동을 통하여 사랑하는 사람들에게 우리의 애정과 관심을 표현할 수 있어. 그리 거창하거나 어려운 일은 아니야. 내가 아닌 다른 사람을 위해서 잠시 생각할 여유만 있으면 돼.

우리가 다른 사람에게 공감하며 친절하게 대할 때 그 사람도 우리에게 친절을 베풀게 돼. 그러면 우리는 다시 또 다른 사람들에게 친절한 행동을 돌려줄 수 있지. 이렇게 해서 친절의 힘은 아주 멀리까지 이어질 수 있어.

사람들에게 친절을 베풀 수 있는 방법을 세 가지로 나눠 생각해 보자.

1. 행동 : 할 수 있는 일
2. 말 : 직접 표현하는 것
3. 물건 : 만들 수 있는 것

아래 목록을 읽고, 마음에 드는 것을 하나씩 골라 동그라미를 쳐 보자. 여기에 나온 예시 말고 또 다른 것이 떠오른다면 아래에 적어 보자.

행동	말	물건
문을 잡아 준다.	칭찬한다.	과자를 만들어 준다.
짐을 나눠 든다.	다정한 말을 적어 준다.	카드를 만들어 준다.
화분에 물을 준다.	고맙다고 말한다.	노래 가사를 적어 준다.
재활용품을 정리한다.	재미있는 이야기를 한다.	선물을 한다.

책을 읽어 준다.	안부 인사를 한다.	요리를 해 준다.
설거지를 돕는다.	예의 바르게 말한다.	그림을 그려 준다.
껴안아 준다.	오늘 들은 유머를 알려 준다.	인형을 만들어 준다.

● 함께 살고 있는 사람들 혹은 가족의 이름을 적어 보자.

● 위에 이름을 적은 사람들 가운데 둘을 골라 보자. 이들을 위해 해 줄 수 있는 친절한 행동을 두 가지 떠올리고 적어 보자.

이름 :

1.
2.

이름 :

1.
2.

앞에서 적은 친절한 행동 가운데 몇 가지를 실천해 보자. 친절한 행동을 했을 때 기분이 어땠는지, 다른 사람의 반응은 어땠는지 적어 보자.

사람들을 돕기

어른들은 집에서도 할 일이 많아. 요리를 하고, 청소를 하고, 빨래를 하고, 아이들을 돌봐야 해. 지금까지 집안일은 어른이 주로 하는 거라 여겼겠지만 이제 너도 집안일에 참여할 수 있어. 부모님이나 다른 가족이 도움을 요청하면 함께 집안일을 해 보자. 그러면서 가족과 더 가까워질 수 있지. 가족을 돕는 너 자신도 기분이 좋아질 테니 일석이조!

아래 각 상황을 읽고, 도울 수 있는 일이 무엇인지 생각해 보자.

1. 아빠가 감기에 걸리셨다.

2. 할아버지께서 작은 글씨를 읽지 못하신다.

3. 삼촌이 손목을 다쳐 리모콘을 다루기 어려워한다.

4. 동생이 혼자서 숙제를 하기 힘들어한다.

5. 강아지가 밖으로 나가고 싶어 한다.

6. 재활용 쓰레기가 지저분하게 널려 있다.

7. 오늘은 설거지할 그릇이 많다.

학교에서의 공감

학교는 네가 시간이 많이 보내는 또 다른 장소일 거야. 학교에서도 공감 능력을 사용해야 하는 상황이 많아. 무엇보다도 학교에서는 나와 비슷한 또래의 친구들이 어떻게 느끼고 보는지를 이해해야 해.

학교에는 나와 비슷하면서도 다른 점이 많은 사람들이 가득해. 생김새며 가족의 형태나 문화부터 좋아하거나 좋아하지 않는 것도 모두 달라. 학교는 이처럼 다양한 사람들과 어울리며 지내야 하는 곳이야. 공감은 학교에서 만나는 여러 사람들과 잘 지낼 수 있도록 우리를 도와줄 수 있어.

학교에서 나만 다른 사람들과 너무 많이 다른 것처럼 느껴지거나 아무도 내 말에 귀를 기울이지 않는다면, 내게 신경 쓰는 사람이 아무도 없다는 생각이 들어서 화가 나고 외로울 거야. 내게 다른 사람들의 공감이 필요한 것처럼 다른 친구들에게도 공감이 필요해. 우리가 학교에서 함께 잘 지내려면 서로 공감해야 해.

서로 괴롭히지 않기

사람들이 친절하게 행동하지 않을 때, '못되게 군다'고 표현해. 우리 모두가 가끔은 다른 사람에게 못되게 굴어. 대부분은 실수라서 잘못을 한 친구에게 사과를 한 다음, 계속해서 친하게 지낼 수 있어. 이건 괴롭힘과는 달라. 괴롭히는 행동은 일부러 다른 사람에게 상처를 주기 위한 말이나 행동을 하는 거야. 그만하라고 말해도 그런 일을 계속한다면 그건 괴롭힘이야.

공감이나 친절이 괴롭힘을 직접 막을 수는 없어. 하지만 서로를 존중하는 분위기를 만들도록 도울 수 있지.

● 학교에서 할 수 있는 친절한 행동에 무엇이 있을까? 세 가지를 떠올리고 적어 보자.

_____

_____

● 모든 아이들은 서로 더 친절한 행동을 한다면 학교가 어떻게 달라질까?

_____

_____

괴롭힘을 당한 적이 있는지 서로 이야기해 보자. 그때 어떻게 했는지, 다시 그런 일을 겪는다면 어떻게 해야 할지 함께 이야기해 보자.

곤란한 상황에 처했을 때

학교는 가끔 좌절감을 주는 장소가 되기도 해. 모든 일이 내가 바라는 대로 흘러가지는 않으니까. 그런데 나만 그런 건 아니야. 같은 반 친구 또한 여러 가지 어려운 일을 겪고 있을 수 있어. 공감 능력을 사용한다는 것은, 나 자신의 문제뿐 아니라 어려움에 처한 다른 사람의 문제를 이해하고 그 사람이 어떻게 느낄지 생각할 줄 안다는 뜻이야. 그리고 그 사람을 위해서 무엇을 할 수 있을지 고민한다는 뜻이야.

다음 상황을 보며 함께 고민해 보자.

1. 친구1은 축구 시합에서 한 골도 못 넣었다.

친구가 어떤 기분일까?

친구에게 어떤 배려를 보여 줄 수 있을까?

2. 친구 2는 수학 시험을 망쳤다.

친구가 어떤 기분일까?

친구에게 어떤 배려를 보여 줄 수 있을까?

3. 친구 3은 키우던 고양이가 세상을 떠났다.

친구가 어떤 기분일까?

친구에게 어떤 배려를 보여 줄 수 있을까?

4. 친구 4는 쉬는 시간에 대부분 혼자 있다.

친구가 어떤 기분일까?

친구에게 어떤 배려를 보여 줄 수 있을까?

5. 친구 5는 아주 멀리 이사를 가게 되었다.

친구가 어떤 기분일까?

친구에게 어떤 배려를 보여 줄 수 있을까?

6. 친구 6은 교실 앞에서 발을 헛디뎌 넘어졌다.

친구가 어떤 기분일까?

친구에게 어떤 배려를 보여 줄 수 있을까?

7. 친구 7은 수업 시간에 속이 안 좋아서 토하고 말았다.

친구가 어떤 기분일까?

친구에게 어떤 배려를 보여 줄 수 있을까?

다음 며칠에 걸쳐 같은 반 친구의 마음을 이해하려고 해 보자. 잘 알지 못하는 친구에게도 배려하는 행동을 하려고 노력해 보자. 그러면서 그 친구에 대해서 더 잘 알게 된 점이 있다면 적어 보자.

그 사람 편에 서기

슈퍼 히어로들은 두려움이 거의 없어. 그들은 자신이 무슨 일을 해야 하는지 잘 알고, 그 일을 하기 위해서 곧장 목적지를 향해 가지. 하지만 우리 같은 평범한 사람은 어떤 일이 옳고 그른지 알기까지 시간이 걸리고 애를 먹기도 해. 학교에서 안전이 항상 중요하다는 사실은 누구나 알아. 아마 누구라도 아이들이 학교에서 안전하게 지낼 권리가 있다는 것에 동의할 거야. 누군가가 괴롭힘을 당하거나 안전하지 않을 때 우리에게 공감이라는 초능력이 있다는 사실을 떠올리자. 그 친구의 입장에서 생각하고 그 편에 서는 일이 바로 공감 능력을 사용하는 일이야.

여기 몇 가지 방법이 있어.

- 멈추라고 하기
- 안전하지 않은 행동을 할 때 어른에게 가서 알리기
- 차분하지만 단호한 말로 "싫어! 그만했으면 좋겠어."라고 말하기

아래와 같은 상황에서 친구가 어떻게 느낄지 가늠해 보자. 그런 다음, 이들의 편에서 어떤 일을 해 줄 수 있을지 생각하고 적어 보자.

1. 친구 A가 친구 B를 불쾌한 별명으로 불렀다.

친구 B의 기분은 어떨까?

친구 B를 위해서 무엇을 할 수 있을까?

2. 친구 C가 친구 D의 물건을 일부러 망가뜨렸다.

친구 D의 기분은 어떨까?

친구 D를 위해서 무엇을 할 수 있을까?

3. 친구 E가 친구 F의 간식을 빼앗아 먹었다.

친구 F의 기분은 어떨까?

친구 F를 위해서 무엇을 할 수 있을까?

4. 친구 G가 친구 H가 입고 온 옷을 놀렸다.

친구 H의 기분은 어떨까?

친구 H를 위해서 무엇을 할 수 있을까?

학교에서 힘들거나 안전하지 않다는 느낌이 들었던 적이 있니? 그때 누군가가 어떤 일을 해 주기를 바랐는지 생각해 보자.

사회에서의 공감

지금은 집이나 학교가 가장 많은 시간을 보내는 장소일 거야. 하지만 나이가 들어가면서 너의 세계는 점점 더 넓어져. 성장한다는 건, 더 큰 세계를 이루는 한 부분이 되어 간다는 뜻이기도 해.

더 넓은 세상 속에서 살아가려면 가까이 살지 않는 사람들에 대해서도 알아야 해. 다른 언어를 사용하거나 다른 문화에 대해 배우는 거야. 이 세상에는 우리 생각보다 훨씬 더 다양한 사람이 존재해. 그들에게 공감한다는 건 다양한 종류의 음식을 먹는 것보다는 훨씬 더 복잡한 일이야.

하지만 우리는 모두를 똑같이 친절하게 대해야 해. 그들이 어디에 살고 있더라도, 어떤 모습을 하고 있어도 말이야.

넓은 세계 속에서의 공감은 어쩌면 가장 실천하기 어려운 친절일지 몰라. 우리와 다른 점이 많을수록 그들의 시각으로 보고 이해하는 일이 어렵기 때문이야. 우리가 살아가는 사회, 그리고 더 넓은 세계 속에서 공감을 실천하는 일에 대해서 생각해 보자.

사회에 봉사하는 사람들

눈에 잘 띄지 않을 수도 있지만, 많은 사람이 우리 사회를 잘 가꾸기 위해서 노력하고 있어. 함께 살아가는 사람들이 더 좋은 삶을 살 수 있도록 서로를 돕는 거야. 안전한 공원을 만들려고 노력하는 사람들, 거리를 깨끗하게 유지하려고 노력하는 사람들이 없다고 생각해 보자. 우리 사회는 이처럼 각자 자기 자리에서 맡은 일을 열심히 하는 사람들 덕분에 무사히 잘 돌아가고 있어. 아래 각 직업에 대한 설명을 읽어 보자.

1. 우체부나 택배 관련 종사자 : 편지나 소포, 택배를 가져다준다.
2. 농부 : 먹거리를 기른다.
3. 도서관 사서 : 책을 관리하고 사람들에게 빌려 준다.
4. 헤어 스타일리스트 : 사람들의 머리카락을 다듬어 준다.
5. 소방관 : 화재로부터 건물과 물건, 사람들을 지킨다.
6. 수의사 : 동물들이 아플 때 돕는다.

● 또 다른 직업에 종사하는 사람들이 하는 일을 간단히 적어 보자.

_____

● 이들이 없다면 어떤 일이 벌어질까? 또 우리 사회는 어떻게 달라질까?

_____

잠깐 시간을 내서 우리 주변의 사람들을 떠올리고 감사하는 마음을 말이나 글로 표현해 보자.

문제 해결을 위한 편지 쓰기

우리 사회를 잘 가꾸는 일도 크게 보면 공감하는 일에 속해. 다른 사람에게 생긴 어려움이나 불편함에 대해 인지하고 공유하는 일에는 공감이 필요하니까. 이런 일에는 나이는 별 상관이 없어. 어른이든 어린이든 함께할 수 있어. 예를 들어 어두운 골목을 비추는 가로등이 고장 났다고 생각해 보자. 그곳을 지나는 사람들의 안전에 문제가 생길 수도 있어. 어른의 도움을 받아 이런 일을 담당하는 기관을 찾아서 연락해 볼 수 있지.

네가 살고 있는 지역에 어떤 문제나 불편함이 있는지 알아보자. 주변의 어른들에게 물어보는 것도 좋아. 그중 하나를 골라서 그 문제를 해결하기 위한 편지나 이메일을 써 보자.

1. 누구에게 쓰는 편지일까? 이름을 몰라도 좋아. 직위나 '담당하시는 분에게'라고 적어도 충분해.

_____
_____

2. 어떤 문제나 어려움이 있는지 적어 보자.

_____
_____

3. 이 일에 대해서 좀 더 자세히 적어 보자.

_____
_____

4. 해결 방법에 대한 아이디어가 있다면 적어 보자.

_____
_____

5. 이 문제를 해결한 뒤에 어떤 변화가 있었으면 하는지 적어 보자.

_____
_____

6. 가장 먼저 어떤 일을 해 주었으면 하고 바라는지 적어 보자.

_____
_____

7. 보내는 사람의 이름을 적고 마무리하자.

_____
_____

 생각하기

우리 사회를 도울 수 있는 일 가운데 우리가 실천할 수 있는 것이 무엇인지 생각해 보자.

★ 5장에서 배운 것들 ★

이번 장에서는 공감을 행동으로 연결하는 방법을 알아보았어. 다른 장에서와 마찬가지로 어떤 연습을 했는지 다시 훑어보자. 하기 어려웠던 부분이 있다면 시간을 두었다가 나중에 다시 시도해 보아도 좋아.

이번 장에서는 이런 것들에 대해 배웠어.

- 가족 사이에서 공감을 행동으로 표현하기
- 학교에서 공감을 실천하기
- 더 넓은 세계를 향한 공감에 대해 알아보기

공감에 대해 배우고 실천하는 일이 아직까지 어색하게 느껴질지도 몰라. 하지만 공감 능력도 다른 능력과 마찬가지로 연습이나 훈련을 통하여 개발할 수 있다는 점을 기억하고 꾸준히 노력하자. 이제 공감 능력을 통하여 많은 일을 할 수 있다는 사실을 알게 되었을 거야. 나머지는 너에게 달렸어. 너의 공감 능력으로 사람들과의 관계를 잘 일구고, 행복한 가족과 학교를 만드는 일에 참여하자. 이 세상을 더 좋은 곳으로 만드는 일에 함께하자!

어른만 읽어도 되는 글

어린이가 이 책에 실린 모든 활동을 해내기는, 사실 만만치 않습니다. 모두 해낸 어린이가 있다면 크게 칭찬받을 만합니다. 하지만 그렇더라도 공감에 대하여 더 잘 배우려면 여러분의 도움이 필요합니다. 어쩌면 이 책은 긴 여정의 시작일지 모릅니다. 그래서 여러분을 도울 수 있는 토론 주제 및 질문, 추가 활동 방법과 팁을 제공하려고 합니다. 책을 읽은 뒤에 함께 이야기를 나누면서 공감과 관련된 기술에 익숙해지도록 아이들을 도울 수 있을 것입니다.

여기까지 책을 읽은 어린이 독자는 앞에서 배운 내용에 대하여 다시 생각하고, 실천하고, 다른 사람에게 질문을 던져 볼 수 있습니다. 이는 소극적인 독서에서 한 걸음 더 나아가서 서로 의견을 나누고 토론을 할 수 있는 좋은 출발점이 되어 줍니다. 여기에는 정답, 오답이 따로 있지 않습니다. 여러분이 아이와 함께 책을 읽었다면 여러 활동이나 질문에 대한 답을 찾는 과정에서 서로 의견을 활발히 나누었기를 바랍니다. 아직 그렇게 해 본 적이 없더라도 괜찮습니다. 이번 기회에 한두 가지 활동을 같이하자고 이야기를 건네 보면 좋을 것 같습니다.

이제부터는 앞에서 아이들이 배운 공감 기술에 대하여 더 많은 대화를 할 수 있도록 이끌어 주는 질문들이 나옵니다. 여기에도 정답이나 오답은 없습니다. 답이 정해져 있지 않고 열려 있어 더 깊은 대화로 이끌어 줍니다. 아이가 어떤 의견이든 말할 수 있도록 북돋워 주기를 바랍니다. 만약 아이가 자기 생각을 말로 표현하기를 어려워한다면 대신에 일기 쓰기나 그림 그리기를 해도 좋습니다. 마찬가지로 이 책의 주제를 탐구하는 데에 유용한 방법들입니다.

마이아 샬라비츠와 브루스 페리가 쓴 《사랑받기 위해 태어나다》라는 책은 공감의 본성을 다루고 있습니다. 그 책에 실린 사례들은 어린이가 신뢰할 수 있는 어른과 함께하면서 서로 공감하는 모습을 보여 줍니다. 아이들은 주변 사람들을 관찰하면서 공감 능력을 배우고 함께 무언가를 하면서 그 능력을 더 단단하게 키워 갑니다.

여기에 실린 활동을 하면서 무엇보다 아이와 함께 즐거운 시간을 갖기 바랍니다! 예측한 대로 잘 진행되지 않고 엉망진창이 되더라도 말입니다. 아이의 고유한 요구와 특성에 맞게 활동을 바꾸어도 좋을 것입니다. 아이의 연령과 역량에 따라 세부 내용을 수정할 수도 있습니다. 여러분이 그들과 함께한다는 사실이 가장 중요합니다. 당신의 아이는 가족, 친구, 학급이라는 공동체의 일원으로 여러 사람들과 함께하는 가운데 좋은 영향을 받을 것입니다. 모쪼록 아이들을 응원하는 소중한 시간이 되기를 바랍니다.

독후 활동을 위한 질문

1장 '공감'이 무엇일까?

1. 배려가 사람들의 기분을 좋게 만드는 이유가 무엇이라고 생각하나요?
2. 누군가를 도왔던 때를 이야기해 보세요.
3. 여러분의 고유한 특성은 왜 중요할까요?
4. 자기 자신과 닮은 친구를 더 좋아하나요, 아니면 자기 자신과 다른 친구를 더 좋아하나요?
5. 다른 누군가의 시각에서 새로운 것을 발견하거나 배울 수 있었던 경험을 이야기해 보세요.
6. 여러분은 긍정적인 사람인가요, 부정적인 사람인가요? 왜 그렇게 생각했는지 이야기해 보세요.

2장 감정에 관한 모든 것

1. 자신의 기분이나 감정을 쉽게 이야기하는 편인가요, 아님 그런 말을 꺼내기를 어려워하나요? 왜 그렇게 생각하는지 이야기해 보세요.
2. 감정을 표현하는 말 가운데 여러분이 가장 자주 사용하는 것은 무엇인가요? 더 자주 사용하고 싶은 말이 있다면 무엇인가요?

3. 사물, 사건, 생각 가운데 무엇이 여러분에게 감정을 불러일으키기 쉽다고 생각하나요? 왜 그런지 설명해 보세요.

4. 여러분이 다른 사람의 감정을 잘 이해한다고 생각하나요?

5. 어떤 단서를 보면 다른 사람의 감정을 알아차리기 쉬울까요? 가장 어려운 단서는 무엇일까요?

6. 여러분이 가장 힘들어하는 감정은 무엇인가요? 왜 그런지 설명해 보세요.

3장 듣기의 힘

1. 여러분이 가장 능숙하다고 생각하는 듣기 기술은 무엇인가요?

2. 다른 사람의 이야기를 듣고 있을 때 여러분을 산만하게 만드는 것은 주로 무엇인가요?

3. 다른 사람의 이야기를 들을 때 눈을 편안하게 맞추는 편인가요?

4. 다른 사람의 이야기를 잘 들어야 할 때 몸을 가만히 두려면 어떻게 해야 할까요?

5. 여러분이 사용하는 말이 다른 사람의 이야기를 듣고 있다고 전달할 수 있을까요? 그 이유를 설명해 보세요.

6. 다른 사람과 대화할 때 질문하기를 주저하게 만드는 장벽이 있다면 무엇인가요?

4장 상대방의 입장이 되어 보기

1. '남에게 대접받고자 하는 대로 남을 대접하라.'는 황금률에 대해 생각해 본 적이 있나요? 어떤 생각을 했나요?

2. 자신이 주위 사람들과 비슷하다고 자주 생각하나요, 아니면 다르다는 생각

을 더 자주 하나요?

3. 새 친구를 사귀는 일에 능숙한 편인가요? 친구를 사귈 때 어떤 어려움이 있었나요?

4. 여러분은 친구가 자신을 중요하고 특별하다고 느끼게 할 수 있나요?

5. 친구와의 관계에서 생긴 문제 가운데 가장 풀기 어려운 것은 무엇인가요?

6. 여러분에게 사과는 쉬운 일인가요, 어려운 일인가요? 왜 그런지 이야기해 보세요.

5장 공감하며 행동하기

1. 가족에게 공감을 표현하는 일은 학교 친구나 다른 모르는 사람에게 공감을 표현하는 일보다 쉬울까요, 어려울까요? 왜 그럴까요?

2. 가족 중 누구에게 공감을 더 자주 표현하나요? 왜 그런가요?

3. 학교에서 괴롭힘을 목격한 적이 있나요? 그때 어떻게 했나요?

4. 학교에서 생긴 문제는 해결하기 쉬운가요, 어려운가요? 왜 그런가요?

5. 지역 사회를 위해 도움의 손길을 내민 적이 있나요? 어떤 일을 했나요?

6. 충분한 돈과 시간이 있다면, 여러분이 속한 사회를 어떻게 돕고 싶은가요?

공동의 목표를 향하여

어떤 문제에 공동체로서 대응하는 일은 여러 사람을 하나의 단위로 묶어 주는 훌륭한 방법입니다. 이런 사실은 가족, 소모임, 교실 등에 모두 통합니다. 해결할 문제의 원인을 찾아 함께 풀어 나갈 때 사람들은 더욱 서로 가까워집니다. 다른 사람을 위해 일하면서 적극성과 긍정적인 사고방식도 생깁니다. 또한 함께한 시간은 즐거운 추억이 됩니다!

● **무엇이 필요할까요?**
  큰 종이나 보드, 펜 등 필기도구

● **어떻게 하나요?**
  1. 대화하면서 각자의 생각을 이야기하고 함께 해결할 문제를 하나 고릅니다. 모두가 관심이 있고, 누구나 참여할 수 있는 문제나 사건인지 따져 봅시다. 합의에 이르기 위해서는 나온 생각의 범위를 좁혀야 합니다.
  2. 일단 하나의 문제를 골랐다면, 행동 계획을 세우고 실행하십시오! 이 활동의 단 한 가지 규칙은 모든 사람이 어떤 식으로든 참여해야 한다는 것입니다. 수줍음을 많이 타거나 낯선 사람과 함께하기를 힘들어하는 사람이 있다면 글씨를 쓰거나 전단지를 꾸미는 등 다른 방식으로 도울 수 있는지 살펴봅시다. 이렇게 하면 모든 사람으로 하여금 자신의 재능이 가치 있다고 느끼게 할 수 있습니다.
  3. 차후에 일이 잘 진행되었는지 검토하는 시간을 가집니다.

독후 활동 아이디어 2

감정 어휘와 함께하는 빙고

재미있는 게임을 이용하면 감정이라는 복잡한 주제를 탐구하는 일에 쉽게 다가설 수 있습니다. 빙고도 좋은 방법입니다. 이 활동은 어린이가 감정에 관한 어휘를 늘릴 수 있게 돕습니다. 감정에 관한 어휘를 많이 알수록 자신의 기분이나 감정에 대하여 다양한 방법으로 표현하고 대화할 수 있게 됩니다.

● 무엇이 필요할까요?
- 한 사람당 종이 한 장씩
- 펜, 네임펜, 크레파스 등
- 33쪽에 나온 감정을 표현하는 말들을 옮겨 적은 메모지
- 빙고 판에 표시할 물건(종이 조각, 플라스틱 뚜껑, 과자도 가능함.)

● 어떻게 할까요?
1. 종이에 가로 세로 각각 9개 혹은 16개의 칸을 그려서 빙고 판을 만듭니다.
2. 감정을 표현하는 말들을 빙고 판 안에 옮겨 적습니다. 다 채우고 나면 이 활동에 참여하는 사람 모두 자신만의 고유한 빙고 판을 갖게 됩니다.
3. 표시물을 모두에게 넉넉하게 지급합니다.
4. 빙고 판을 보고 감정을 표현하는 말을 읽습니다.
5. 불린 단어가 빙고 판에 있다면 그 자리에 표시물을 놓습니다. 표시물이 가로 세로 사선으로 연결되는 순간, '빙고'라고 외칠 수 있습니다.
6. 누군가가 '빙고'를 할 때까지 계속해서 감정을 표현하는 말을 읽습니다.

함께 그림책 읽기

그림책 읽기는 아이들이 그림책 읽기는 가장 좋아하는 일 중 하나입니다. 그림책은 재미있는 메시지를 담고 있으며 색감도 풍부합니다. 유아나 초등학교 저학년 아이들이 읽기에 이상적이지만, 나이가 좀 더 든 뒤에도 충분히 그림책을 감상할 수 있습니다! 초등학교 중고학년 어린이도 가끔은 어렵거나 진지한 내용의 독서에서 벗어나기를 고대합니다. 오히려 더 어린 연령대의 어린이가 해내지 못한 방식으로 책의 메시지를 더 깊게 이해하고 받아들이기도 합니다. 만약 아이가 그림책을 너무 '아기'스럽다고 여긴다면 짧은 동화를 함께 골라서 읽어도 좋을 것입니다. 어떻게 공감을 표현할 것인지를 두고 그림책이나 동화의 상황을 이용할 수 있습니다. 오래 차를 타고 가거나 멀리 여행을 갈 때는 오디오북을 함께 듣는 것도 좋은 방법입니다.

● 그림책을 읽은 뒤에 어떤 이야기를 나누어야 할까요?
  1. 책의 주요 내용이 무엇일까?
  2. 작가가 무엇을 말하고 싶었을까?
  3. 책 속에 등장하는 인물들이 어떻게 느끼는지 말해 보자.
  4. 자기 자신과 책 속 인물을 비교해 보자. 어떤 점이 비슷하고, 어떤 점이 다를까?

공감하고 배려하니
마음이 따뜻해졌어요.

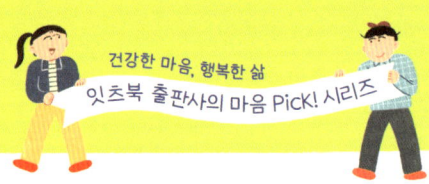

① 내 마음이 잘 지냈으면 좋겠어
케이티 헐리 글, 인디 그림, 조연진 옮김, 178쪽, 14800원

② 나의 미래니까, 나답게
조셉 V. 치아로키, 루이즈 L. 헤이즈 글, 지효진 그림, 김정은 옮김, 213쪽, 15800원

③ 오늘 난, 행복을 만나요
리디아 하우엔실트 글, 유영미 옮김, 106쪽, 14800원

④ 진짜 친구는 나를 불편하게 하지 않아
제시카 스피어 글, 박지영 그림, 조연진 옮김, 155쪽, 14800원

⑤ 수줍은 아이, 손을 높이 들다
클레어 프리랜드, 제클린 토너 글, 이영 그림, 조연진 옮김, 112쪽, 14800원